정부·지자체의
창업지원금 및
지원제도의 모든 것

정부·지자체의 창업지원금 및 지원제도의 모든 것

김영기 | 박옥희 | 황낙진 | 오종철 | 이서호 | 이현구
이승관 | 이완기 | 김시유 | 이상창 | 이성욱

BRAIN PLATFORM

서문

"대한민국은 창업 강국이다"

'아이디어와 열정' '경험과 노하우' '불굴의 기업가정신'과 '포기하지 않는 집념'만 있으면 누구나 창업할 수 있는 나라 대한민국

기업가정신으로 무장한 '창업'은 일자리 창출의 핵심이다.

경제학자인 조지프 슘페터는 기업가정신을 설명하면서 "앙트레프레너(Entrepreneur, 기업가)는 혁신을 통해 불황을 극복하고 호황에 이르게 한다"라고 정의하면서 "자본주의 목표는 엘리자베스 여왕에게 실크스타킹을 한 개 더 신게 하는 것이 아니라 가난한 여공들에게 스타킹을 구입할 수 있게 해 주는 것"이라고 하였다.

디지털 전환이 가속화되면서 '디지털트랜스포메이션'으로 불리는 '4차 산업혁명 시대' '포스트 코로나시대' '100세 시대'는 새로운 최신 기술과 사회 환경 트렌드 변화를 통하여 많은 일자리가 사라지고 여러 형태의 새로운 일자리가 창업을 통해 이루어질 것으로 예측된다.

미래에 예측되는 트렌드나 지구촌의 문제는 4차 산업혁명 시대를 비롯하여 코로나 같은 신종 전염병, 저출산 고령화, 100세 시대, 사생활 침해, 정보 독점, 돌연변이, 인간복제, 대량 실업, 획일화, 로봇의 반란, 온실가스 등 기후환경 문제, 외계인 등을 들 수 있는데 이러한 문제를 해결하기 위한 새로운 창업가들이 계속 탄생할 것으로 보인다. 4차 산업혁명 시대 기술적인 변화에 따른 창업환경 변화, 포스트 코로나19와 같이 인류가 직면한 팬데믹 시대 등 글로벌 문제를 해결하는 새로운 창업가들도 많이 탄생하리라 예상된다.

불확실성과 새로운 패러다임의 변화로 촉발되는 디지털트랜스포메이션 시대의 향후 세대는 창업이 새로운 일자리 창출 요인으로 부각될 것으로 보이며 이러한 불확실성의 시대에 창업가정신, 기업가정신으로 무장한 수많은 창업가들이 새롭게 탄생하여 지구촌이 직면한 어려운 문제를 해결에 기여하고자 정부 및 지자체의 창업지원금과 창업 지원제도를 전체적으로 정리하여 책에 담았다.

이 책은 총 11개의 장으로 구성되었다.

1장은 '창업 강국 대한민국'으로 정부의 핵심 창업 지원제도와 정부 부처별, 지자체별 세부적인 창업 지원제도를 전체적으로 소개하였다.

2장은 '소상공인 지원사업 및 중소기업의 인력유입 지원제도 제대로 알기'로 소상공인 및 중소기업 지원제도를 전반적으로 제시하였다.

3장은 '생산성경영체제(PMS) 인증세도 활용하기'로 정부 산업통상자원부의 '「생산성경영체제」 보급·확산을 위한 기업진단 및 컨설팅 지원사업' 중 정부자금을 지원받을 수 있는 '생산성경영체제(PMS) 인증제도'에 대하여 소개하였다.

4장은 '기업의 생애주기별 자금 조달'로 기업의 성장단계별 자금 조달 방법론에 대하여 강조하였다.

5장은 '2022년 소상공인 정책자금'으로 소상공인들이 지원받을 수 있는 정책자금을 총정리하였다.

6장은 '평가위원이 알려 주는 정부 지원사업'이라는 주제로 정부 지원사업을 평가하고 있는 현장전문가가 정부 지원사업을 소개하는 장이다.

7장은 '스케일업(Scale-Up) 촉진을 위한 정책자금 활용 전략'으로 정부 관련 기관에서 근무한 전문가가 정부 및 지자체의 정책자금을 어떻게 활용할 것인가를 제시하였다.

8장은 '경험을 바탕으로 한 자금 지원받기'라는 주제로 1금융권에서 기업금융지점장을 역임하신 금융전문가가 다년간 경험을 바탕으로 자금 지원 방향성을 제안하였다.

9장은 '스린이가 바라보는 스타트업의 세계'로 스린이(스타트업 어린이)의 입장에서 본 스타트업의 현실을 제시하였다.

10장은 '스타트업의 시작, 예비창업패키지'로 창업을 처음으로 시작하는 창업자를 지원하는 제도인 예비창업패키지를 중심으로 상세하게 기술하였다.

11장은 '정부 지원제도 활용을 위한 신용보증제도와 신용 관리의 중요성'으로 정부 및 지자체를 창업자금과 지원제도를 활용하기 위해 신용 관리의 중요성과 신용보증제도에 대하여 소개하였다.

현장 창업전문가 11인이 각자의 경험과 노하우를 정리한 이 책이 '창업'을 통해 미래를 설계하고 준비하는 이 땅의 창업자들에게 마중물이 되기를 기대한다.

2022. 7. 1.

대표 저자 김영기 외 10명 Dream

차례

서문   004

1장 창업 강국 대한민국   013

김영기
- 자본금 없이도 창업할 수 있는 나라 대한민국   014
- 예비창업자를 위한 예비창업패키지 1억 원까지 지원   015
- 초기창업자(창업 3년 이내)를 위한 초기창업패키지   017
- 창업 3~7년 차를 위한 창업도약패키지   018
- 청년창업사관학교   019
- 정부 및 지자체의 각종 창업 지원제도 종합   020
- 지원보다 창업가정신과 기업가정신이 더 중요하다   033

2장 소상공인 지원사업 및 중소기업의 인력유입 지원제도 제대로 알기   041

박옥희
- 알면 도움 되는 '2022년 정부 지원제도 소개'   042
- 지속 가능 경영을 위한 '백년가게 및 백년소공인 육성 사업'   053
- 스마트 점포 육성을 위한 '경험형 스마트마켓 사업'과 '스마트상점 기술보급 사업'   055
- 경영의 애로와 개선을 위한 '소상공인 역량강화 컨설팅 지원사업'   060
- 청년고용 창출을 위한 '청년 일자리 도약장려금 지원사업'   064
- 혼자 가면 막막해도 함께라면 길이 보이는 '예비창업자 및 스타트업, 소상공인 멘토링 지원사업'   065

3장 생산성경영체제(PMS) 인증제도 활용하기   071

황낙진
- 생산성경영체제(PMS) 인증제도   072
- PMS 구성체계   075

- PMS 인증 심사원　078
- PMS 인증 심사　081
- PMS 심사 기준　084
- PMS 평점 구조 및 등급 평정 방법　087
- PMS 인증제도 활용하기　094

4장 기업의 생애주기별 자금 조달　101

오종철
- 예비창업 또는 창업초기 단계　102
- 창업 초·중기 단계: 창업 7년 이하 또는 매출 50억 이하　105
- 성장 단계: 창업 7년 이상 또는 매출 50억 이상　114

5장 2022년 소상공인 정책자금　127

이서호
- 소상공인 정책자금 개괄　128
- 소상공인 정책자금(직접대출)　131
- 소상공인 정책자금(대리대출)　141
- 마무리　149

6장 평가위원이 알려 주는 정부 지원사업　155

이현구
- 들어가며　156
- 2022년 정부 창업 지원사업, 무엇이 달라졌나?　157
- 합격률을 높이는 사업계획서 작성 팁　165
- 무료 컨설팅·멘토링을 받는 다양한 방법　167
- 투자자를 만나는 방법　177

7장 스케일업(Scale-Up) 촉진을 위한 정책자금 활용 전략　187

이승관
- 정책자금 현황과 활용의 필요성　188
- 정책자금 지원의 역할과 효과성　194
- 정책자금의 성장 단계별 활용 전략　196
- 업종별 기업 기술가치 연계 정책자금 활용 방안　201

8장 경험을 바탕으로 한 자금 지원받기　213

이완기
- 창업을 준비하면서　214
- 자금지원 신청순서 및 지원기관들　232
- 지원기업 심사가 고려하는 사업계획서 주요 내용 작성 요령 및 유의사항　234

9장 스린이가 바라보는 스타트업의 세계　247

김시유
- 스린이(스타트업 어린이)가 풀어 쓰는 쉬운 스타트업　248
- 스타트업을 어떻게 시작하면 좋을까?　256

10장 스타트업의 시작, 예비창업패키지　267

이상창
- 국내 벤처시장과 예비창업패키지　268
- [서류평가] 사업계획서 작성법　270
- [발표평가] 발표 PPT 작성법　272
- 사업 중 유의사항　273
- 예비창업패키지 이후 고려사항　276

11장 정부 지원제도 활용을 위한 신용보증제도와 신용 관리의 중요성　283

이성욱
- 신용보증제도의 이해　284
- 기술신용보증기금　290
- 신용보증기금　293
- 지역신보재단　296
- 신용 관리의 중요성　305

창업 강국 대한민국

▼▼

김영기

◯ 자본금 없이도 창업할 수 있는 나라 대한민국

　대한민국은 아이디어와 열정만 있으면 창업할 수 있는 환경을 갖춘 창업 강국이다. 우리 정부는 중소벤처기업부 산하에 창업진흥원과 중소벤처기업진흥공단을 두고 체계적인 창업 지원제도를 통해 청년 중심의 창업 정책을 펼치고 있다.

　수많은 창업기업들이 실패를 하는 가운데 '직방'과 '토스'는 정부의 창업 지원제도를 활용하여 자산 가치 1조 원이 넘는 유니콘기업으로 성장하였다. 창업이란 아이디어와 열정은 기본이고 창업가정신과 각종 지원제도를 적절하게 활용할 때 시너지 효과를 발휘하게 된다.

　이 장에서는 중소벤처기업부를 중심으로 한 창업 지원제도인 예비창업자부터 창업 7년 차까지를 위한 지원제도를 중심으로 알아본다. 사업자등록 전 창업을 새롭게 하는 예비창업자에게 예비창업패키지 프로그램과 청년창업사관학교(만39세 이하, 창업 3년 이내 기업 대표자) 제도 등을 통해 창업자금을 최대 1억 원까지 지원하는 정책을 쓰고 있으며 창업 후 3년 이내 기업들에게는 초기창업패키지를 통해 최대 1억 원까지 창업자금을 지원을 하고 있다. 창업 3년에서 7년까지의 창업기업들에게는 창업도약패키지 지원 및 사업화 지원을 통해 최대 3억 원까지 지원을 하는 체계적인 창업 지원제도를 실행하고 있다.

◐ 예비창업자를 위한 예비창업패키지 1억 원까지 지원

먼저 2022년도 예비창업자(사업자등록을 하지 않은 창업준비자)에게 지원하는 예비창업패키지를 소개한다.

이 지원제도는 청년뿐만 아니라 중장년도 지원해 주는 프로그램으로 연간 1,500명 내외의 예비창업자를 발굴하여 최대 1억 원까지의 창업지원금을 지원하고 전문가인 멘토들의 창업멘토링을 월 2회씩 무료로 제공하는 지원제도이다. 이 사업은 매년 2~3월에 사업공고가 K-Startup 창업지원포털에 공지되며 2022년도에는 2월말경에 공지되었다.

이 사업에 선정되기 위해서는 서류평가와 대면 발표평가를 거쳐서 지원자들 간 상대적인 우위를 보여야 하는데 가장 큰 관건은 사업계획서이다. 특히 사업계획서 작성 포인트는 창업자의 창업준비도와 역량을 나타내는 창업자의 포트폴리오와 네트워크가 중요하며 두 번째로는 창업 아이템에 대한 명확한 개발 계획 및 실제 구현, 세 번째로는 구체적인 사업화 가능성, 네 번째로는 창업자금 조달 계획 등이다. 1차 서류평가에서도 경쟁률이 평균 3~5배수이고 대면 발표평가에서도 2~3배수가 경쟁하므로 사업계획서에 대한 철저한 작성과 전문가들의 사전 코칭 및 자문이 반드시 필요하다.

예비창업패키지 지원내용을 요약하면 다음과 같다.

예비창업패키지

혁신적인 기술을 갖춘 예비창업자에게 사업화 자금과 창업교육 및 멘토링 등을 지원하는 예비창업단계 전용 프로그램

1. 사업개요

- 그간의 경과: '18년에 사업이 신설되어 전 연령 예비창업자 대상으로 창업사업화 지원
- 예산현황: 98,289백만원(정부안)
- 지원규모: 1,500명 내외
- 지원내용: 창업 사업화에 소요되는 사업화 자금, 창업교육 및 멘토링 등
- 지원대상: 예비창업자
- 주요특징: 기술분야별 교육·멘토링 및 사업화·후속 연계지원
- 수행기관:

부처	전담기관	주관기관	최종수혜자
중소벤처기업부	창업진흥원	대학·공공기관 등	예비창업자

2. 참가자 모집

- (사업공고) '22.2월말 예정
- (신청방법) K-Startup 홈페이지 (www.k-startup.go.kr)를 통한 온라인 신청·접수
- (제출서류) 사업계획서, 가점 증빙서류 등

3. 사업절차

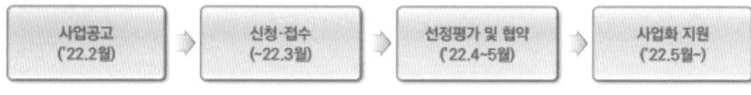

사업공고('22.2월) → 신청·접수(~22.3월) → 선정평가 및 협약('22.4~5월) → 사업화 지원('22.5월~)

| 문의 | 중소벤처기업부 기술창업과 ☎ 044-204-7642, 7652
창업진흥원 예비창업실 ☎ 044-410-1803~10

출처: 중소벤처기업부, 2022 창업지원사업, www.k-start.go.kr

◯ 초기창업자(창업 3년 이내)를 위한 초기창업패키지

초기창업패키지 지원내용을 요약하면 다음과 같다.

초기창업패키지

창업지원역량을 보유한 주관기관을 통해 업력 3년 이내 창업기업에 아이템 사업화를 위한 자금 및 창업기업 수요 기반의 맞춤형 프로그램을 제공하여 초기창업기업의 성장을 지원

1. 사업개요

- 그간의 경과: 유망 창업아이템 및 고급기술을 보유한 초기창업기업(업력 3년 이내)을 대상으로 사업 안정화와 성장을 지원('19년~)
- 예산현황: 92,540백만원(정부안)
- 지원규모: 910개사 내외
- 지원내용:
  - (사업화 자금) 시제품 제작, 지재권 취득, 마케팅 등에 소요되는 사업화 자금지원(최대 1억원)
  - (특화프로그램) 주관기관별 특화 분야를 고려하여 아이템 검증, 투자유치 등 창업기업 맞춤형 프로그램 지원(주관기관별 상이)
- 지원대상: 업력 3년 이내 창업기업
- 주요특징: 주관기관을 통한 창업기업 수요 기반의 맞춤형 프로그램 제공
- 수행기관:

부처	전담기관	주관기관	최종수혜자
중소벤처기업부	창업진흥원	대학, 공공기관, 민간 등	업력 3년 이내 창업기업

2. 참가자 모집

- (사업공고) '22.2월말 예정
- (신청방법) K-Startup 홈페이지(www.k-startup.go.kr)
- (제출서류) 사업계획서, 발표자료, 사업자등록증 등

3. 사업절차

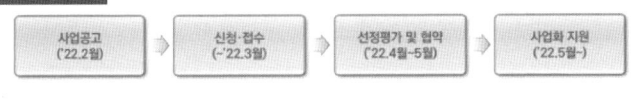

사업공고('22.2월) → 신청·접수(~'22.3월) → 선정평가 및 협약('22.4월~5월) → 사업화 지원('22.5월~)

| 문의 | 중소벤처기업부 기술창업과 ☎ 044-204-7641, 7654
창업진흥원 초기창업실 ☎ 044-410-1837-8, 1841-5 |

출처: 중소벤처기업부, 2022 창업지원사업, www.k-start.go.kr

1장 창업 강국 대한민국

○ 창업 3~7년 차를 위한 창업도약패키지

2022년도 창업도약패키지 지원내용을 요약하면 다음과 같다.

창업도약패키지

업력 3년 이상 7년 이내 창업기업에 대해 사업모델 및 제품·서비스 고도화에 필요한 사업화 자금과 주관기관의 특화 프로그램을 지원하여 스케일업 촉진

1. 사업개요

- **그간의 경과**: 도약단계(3~7년차) 창업기업이 어려운 시기(죽음의 계곡)를 극복하고 자생적으로 성장할 수 있도록 사업모델 혁신, 시장진입 등을 지원('16년~)
- **예산현황**: 90,040백만원(정부안)
- **지원규모**: 600개사 내외
- **지원내용**:
  - (사업화 자금) 사업모델 및 제품·서비스 고도화에 필요한 사업화 자금(최대 3억원), 특화 프로그램(BM 고도화, 협업, 인프라 등) 지원
  - (대기업 협업 프로그램) 사업화 자금(최대 3억원)과 대기업의 맞춤형 프로그램(교육·컨설팅, 인프라, 판로, 투자유치, 공동사업 등) 지원
- **지원대상**: 창업 3~7년 이내인 자(기업)
- **주요특징**: 민간 및 전문기관과 연계하여 기업의 스케일업을 위한 사업화 및 서비스 지원
- **수행기관**:

부처	전담기관	주관기관	최종수혜자
중소벤처기업부	창업진흥원	대학, 공공기관 등	창업도약기(3~7년) 기업

2. 참가자 모집

- (사업공고) '22. 2월말 예정
- (신청방법) K-Startup 홈페이지(www.k-startup.go.rk) 온라인 신청
- (제출서류) 사업계획서, 사업자등록증 등 증빙서류

3. 사업절차

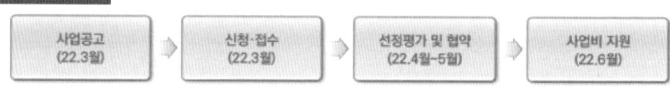

사업공고 (22.3월) → 신청·접수 (22.3월) → 선정평가 및 협약 (22.4월~5월) → 사업비 지원 (22.6월)

문의	중소벤처기업부 기술창업과 ☎ 044-204-7644, 7648
	창업진흥원 창업도약실 ☎ 044-410-1861, 1863-7, 1869, 1871

출처: 중소벤처기업부, 2022 창업지원사업, www.k-start.go.kr

청년창업사관학교

청년창업사관학교 내용을 요약하면 다음과 같다.

청년창업사관학교

유망 창업아이템 및 혁신기술을 보유한 우수 창업자를 발굴하여 창업사업화 등 창업 全 단계를 패키지 방식으로 일괄지원하여 성공창업기업 육성

1. 사업개요

- **그간의 경과**: '11년에 경기 안산을 시작으로 현재 전국 18개 지역으로 확대하고, 포스트코로나 대응을 위해 비대면 창업지원 체계 마련하여 운영
- **예산현황**: 844.5억원(정부안)
- **지원규모**: 915명
- **지원내용**: 창업 공간, 교육 및 코칭, 기술지원, 사업비지원, 정책사업 연계 등 종합 연계지원 방식으로 청년의 창업사업화 One-Stop 패키지 지원시스템 운영
- **지원대상**: 만 39세 이하, 창업 3년 이내 기업
- **주요특징**: ①청년창업(만 39세 이하) 특화, ②제조융복합 분야 우선선발
- **수행기관**:

부처	전담기관	주관기관	최종수혜자
중소벤처기업부	중소벤처기업진흥공단	-	만 39세 이하, 3년 이내 창업기업

2. 참가자 모집

- (사업공고) '22.1월 예정
- (신청방법) K-Startup 홈페이지 (www.k-startup.go.kr)
- (제출서류) 사업신청서, 기타 증빙서류 등

3. 사업절차

사업공고 (22.1월) → 신청·접수 (22.1-2월) → 선정평가 및 협약 (22.3월) → 사업비 지원 (22.3-12월)

| 문의 | 중소벤처기업부 청년정책과 ☎ 044-204-7951, 7965
중소벤처기업진흥공단 창업지원처 ☎ 055-751-9241, 9327 |

출처: 중소벤처기업부, 2022 창업 지원사업, www.k-start.go.kr

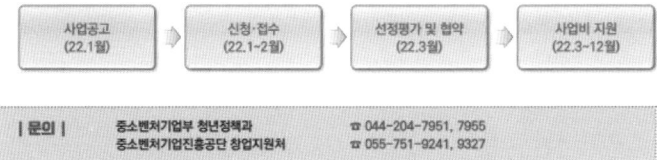

○ 정부 및 지자체의 각종 창업 지원제도 종합

대한민국 중앙정부와 광역지자체 및 기초지자체의 창업 지원사업은 아래와 같다. 주요 창업 지원제도는 중앙부처가 100개, 광역지자체가 152개, 기초지자체 126개가 아래와 같이 소개 되어 있으니 독자 분들이 창업에 관심 있는 사업이나 해당 지역의 창업 지원사업을 검색해 보면 자세한 사업내용을 확인할 수 있다.

여기에 소개되지 않는 창업 지원사업도 있지만 우선 독자 여러분이 구상하고 있는 아이템에 맞는 중앙부처의 대규모 지원사업(예비창업패키지, 청년창업사관학교, 초기창업패키지, 창업도약패키지 등)에 도전하면서 여러분이 속해 있는 광역지자체나 기초지자체의 창업 지원사업을 찾아서 도전해 보는 것이 바람직하리라 생각된다.

중앙부처 창업 지원사업

-실험실 특화형 창업선도대학 육성
-데이터 활용 사업화 지원사업
-클라우드기반 SW개발환경 지원
-K-Global 스타트업 공모전 사업
-K-Global 액셀러레이터 육성 사업
-관광벤처 사업 공모전
-관광 액셀러레이팅 지원사업
-문화콘텐츠산업 기업육성 지원사업

- 문화예술 사회적경제 서로: 시작 지원(창업)
- 문화예술 사회적경제 서로: 세움 지원(초기)
- 문화예술 사회적경제 서로: 성장 지원(성장기)
- 스포츠산업 예비초기 및 창업도약 지원(예비초기창업 지원센터/창업도약센터)
- 스포츠 액셀러레이팅 프로그램
- 스포츠산업 재창업 지원
- 예술기업 공모전 <창업과정 지원>
- 예술분야 초기기업 사업기반 구축 지원
- 예술기업 공모전 <성장기업 사업도약 지원>
- 예술기업 성장지원 글로벌 도약지원
- 전통문화 청년창업 육성 지원사업
- 농식품 기술창업 액셀러레이터 육성 지원
- 농식품 기술평가지원
- 농식품 벤처 육성 지원
- 농식품 크라우드펀딩 활성화
- 농식품 판로지원
- 사업화(제품화-인·허가) 컨설팅 지원사업
- 에코스타트업 지원사업
- 2022년 대한민국 물산업 혁신창업 대전
- 사회적기업가 육성 사업
- 해양수산 창업투자지원센터
- 해양신산업 인큐베이팅 지원사업
- 글로벌기업 협업 프로그램
- 글로벌 스타트업 육성
- 글로벌창업사관학교
- 민관공동창업자 발굴육성 사업
- 비대면 스타트업 육성
- 사내벤처 육성 프로그램
- 소재·부품·장비 스타트업 100
- 아기유니콘200 육성 사업
- 예비창업패키지
- 장애인기업 시제품 제작지원

- 장애인 창업사업화 지원
- 재도전 성공패키지
- 지역 기반 로컬크리에이터 활성화
- 창업기업지원서비스 바우처 사업
- 창업도약패키지
- 청년창업사관학교
- 초기창업패키지
- 혁신분야 창업패키지(BIG3) 및 멘토링 지원사업
- K-스타트업 센터 사업
- 청년농업인 경쟁력 제고 사업
- 스타트업 지식재산바우처 사업
- 민관협력기반ICT스타트업 육성 사업
- ICT미래시장최적화협업기술개발사업
- 바이오헬스 투자인프라 연계형 R&D
- 해양수산 기술창업 Scale-up
- 창업성장 기술개발
- 메이커 스페이스 구축사업
- 발달장애인 특화사업장 구축 사업
- 장애인 창업보육실 운영
- 중장년 기술창업센터
- 창업보육센터 지원사업
- 창업존 운영
- 창조경제혁신센터
- 1인 창조기업 활성화
- 대학 창업교육 체제 구축
- 학생 창업유망팀 300
- 공공기술기반 시장연계 창업탐색 지원
- 창업이민인재 양성 프로그램
- 공간정보 창업기업 투자유치전략 교육
- 기업가정신기반 구축 및 확산
- 스타트업 AI 기술인력 양성
- 신사업창업사관학교

-실전창업교육
-장애인 맞춤형 창업 교육
-청소년 비즈쿨
-지식재산기반 차세대영재기업인 육성 사업
-K-Global 창업멘토링(ICT 혁신기업 멘토링)
-농식품 벤처창업 인턴제 사업
-농식품 벤처창업센터
-특허전략(IP R&D) 컨설팅 지원사업
-공간정보 창업기업 법률자문 지원
-공간정보 창업기업 컨설팅
-여성벤처창업케어 프로그램
-민간협력 여성벤처·스타트업육성 지원사업
-IP 나래 프로그램
-IP 디딤돌 프로그램
-농식품 창업콘테스트
-2022 환경창업대전
-해양수산 창업 콘테스트
-대·스타 해결사 플랫폼
-도전! K-스타트업
-스타트업 해외전시회 지원
-장애인 창업 아이템 경진대회
-여성창업경진대회
-컴업(COMEUP) 2022
-K-스타트업 그랜드 챌린지
-산림분야 청년창업경진대회
-일자리 창출촉진자금
-창업 기반 지원자금
-귀산촌인 창업 및 주택구입자금

광역지자체 창업 지원사업

- 디지털대장간
- 에이스스텔라(Ace Stella) 육성 지원사업
- 창업기업 판로개척 지원
- 창업촉진지구 지원사업
- 대구스타벤처육성 사업
- 대구 팁스 프로그램 운영 및 기업상장 지원
- 디지털기술기반 스타트업 육성 사업
- 업사이클아트 청년창업 성장 지원사업
- 의료창업 활성화 지원사업
- 청년소셜벤처 육성 사업
- C-Seed 청년 스타트업 육성 사업
- 스케일업 챌린지랩
- 실증 브릿지 사업
- 실증 상용화 지원사업
- 청년창업 챌린지 지원
- 광주시민회관 청년창업 지원
- 빛고을재도전 지원사업
- 세대별 맞춤형 예비창업가 발굴육성 사업
- 우수창업기업 집중 지원사업
- 소셜벤처 창업생태계 활성화 사업
- 창업기업 마케팅 지원
- 창업보육 경쟁력 강화 사업
- 혁신공공기술 창업 지원사업
- 기업자율형 창업 프로그램
- 세종시 보육성장 패키지
- 스마트팜 인프라 운영 사업
- 경기 기술창업 지원 프로그램 운영
- 경기도 대학생 융합기술 창업지원
- 경기스타트업플랫폼 연계형 기술창업 지원사업
- 권역별 특화산업과 연계한 대학 창업지원

- 기술이전 창업지원
- 사회적경제 창업성공패키지 사업
- 소상공인 재창업 지원
- 여성창업플랫폼 운영
- 재도전 사업자 지원
- 크라우드 펀딩 연계 스타트업 지원
- G스타트업 예비창업 지원사업
- G스타트업 초기창업 지원사업
- G스타트업 창업도약 지원사업
- 소멸위기지역 로컬벤처 예비창업가 육성 사업
- 이차전지 스타트업 육성 플랫폼 구축 사업
- 청년창업 스타트업 브릿지
- 청년 창업 활성화 프로그램 운영
- 충북 창업 지원사업
- 벤처기업 디자인개발 지원
- 중장년 재도약 창업 지원사업
- 전북 미래산업 청년 기술창업 지원(신규)
- 전북형 그린뉴딜SER 기술창업 지원(신규)
- 바이오헬스케어스타트업 기술사업화 지원사업
- 전남 청년도전 창업 지원사업
- 경북청년예비창업가육성 지원
- 경북 청년CEO 심화육성 지원
- 경북 청년CEO 재도약 지원
- 경북 혁신벤처 액셀러레이팅 프로그램
- 경남형 스타트업 액셀러레이팅
- 경남형 재창업 지원사업
- 창업기업 신규고용인력 보조금 지원
- 창업 투자유치 역량강화 지원사업
- 청년 로컬크리에이터 육성 지원사업
- 투자 연계형 사업화 지원사업
- 귀농창업 지원사업
- 도내 ICT기업 지원사업
- 여성 공동체 창업(사회적기업, 협동조합) 등 인큐베이팅 지원

-제주관광스타트업 육성 사업
-제주콘텐츠코리아랩 운영
-중소기업 창업프로젝트 지원사업
-지식재산 창출 지원사업
-창업기업 성장 맞춤형 지원사업
-창업도약패키지 지원사업
-청년농업인 창업 인큐베이팅 지원
-글로벌 First R&D 지원
-서울창업디딤터 운영
-서울창업센터 관악
-서울창업성장센터 운영
-서울창업허브 성수
-서울창업허브 운영
-서울창업허브 창동
-청년창업꿈터
-부산창업지원센터 지원
-섬유패션디자인창업보육센터 지원
-C-LAB
-인천창조경제혁신센터 운영 지원
-대전창업성장캠퍼스 활성화 사업
-창업생태계 조성 및 스타트업파크 운영
-청년 창업지원센터 운영
-지식기술 청년창업 지원
-톡톡팩토리 운영
-세종 창업빌 운영 사업
-세종창업키움센터 운영 사업
-세종 청년창업 챌린지랩 운영 사업
-창업보육 지원사업
-경기도 사이버보안 집적밸리 운영 사업
-경기벤처창업지원센터 운영 지원
-경기 창업허브 조성·운영 지원
-북부 경기문화창조허브 운영
-스타트업 랩 운영 지원

-여성 창업성장센터 운영
-판교 경기문화창조허브 운영
-Station-G(안산) 운영 지원
-창업여성컨설팅 및 인큐베이팅 지원
-충북 창업스타티움 운영
-ict 디바이스랩 운영
-충북 콘텐츠코리아랩 운영 지원
-마을창고 활용 청년창업가 양성 사업
-충남 창업마루나비 운영
-1인 창조기업 지원센터 운영
-문화콘텐츠 창업보육센터
-북부권청년창업지원센터 운영
-경상남도 창업보육센터 운영
-서울창업카페 운영 사업
-G-IN 스타트업 JUMP 사업
-창의 인재육성 특성화사업
-사회적경제 창업지원
-청년글로벌셀러 육성 지원
-청년 도전 창업 지원
-소상공인 창업성공사다리 사업
-귀농창업 보수교육 및 워크숍
-아이디어 창업 활성화 지원사업
-부스터 스타트업 프로그램
-지피지기 투자유치 지원사업
-창업동아리 지원사업
-청년 TIPS 인큐베이션
-e-다누리 창업센터 지원사업
-스타트업 글로벌 진출 지원
-청년CEO 육성
-대학 기술창업 활성화 사업
-글로벌 성장·진출 창업 지원사업
-창업 성장 투자지원
-경기스타트업 공정M&A 지원

- 「강원형 벤처펀드」 투자생태계 조성사업
- 전남으뜸창업 운영 사업
- 경북 스타트업 크라우드펀딩 지원사업
- 제주자원 활용형 창업 지원사업
- 혁신창업 아이템 사업화 지원사업
- 대구스타트업어워즈
- 스타트업 리더스포럼
- 크라우드펀딩 지원사업
- 스파크 IR DAY
- 유전탐사 프로그램
- 청년 창업 마당
- 창업커뮤니티 네트워크 구축
- 민간협업 열린 창업 활성화 사업
- 세종 로컬크리에이터 활성화 사업
- 새로운 경기 창업 공모
- 충북 공공데이터 활용 창업경진대회 및 수상자 컨설팅 지원
- 충북 혁신창업 페스티벌 개최
- 기술창업 크라우드펀딩 지원사업
- 공공데이터 개방 및 품질관리
- 귀농창업전시 및 홍보행사 운영
- 제주 미래형 농수축스타트업 발굴 및 활성화
- 청년창업특례보증
- 창업 두드림 특별보증(중소기업 육성기금)

기초지자체 창업 지원사업

- 관악구 스타트업 스케일업 사업
- 사회적경제 문화예술 청년 창업지원 프로젝트
- 산업스마트화공모사업
- 청년창업 도전 프로젝트

-강화군 청년창업 스타트 지원
-청년창업 강화 지원사업
-김포시 사회적경제 창업 공모전
-김포청년 창업플러스 사업
-스타트업 육성 지원사업
-스타트업-로컬기업 어울림 사업
-스타트업 이륙작전(Start-up, Fly high)
-시흥창업센터 마케팅 지원사업
-시흥창업센터 시제품제작 지원사업
-시흥창업센터 지식재산권/인증 지원사업
-시흥창업센터 크라우드펀딩 지원사업
-SNU시흥 바이오스타트업 캠퍼스 운영
-안성시 청년창업 공모사업
-청년 예비창업 레벨업 지원사업
-성남형 민간투자연계사업
-오픈이노베이션 지원
-청년 예비창업자 지원사업
-청년 초기창업자 지원사업
-철원 청년창업 지원사업
-2022년 청년창업 우수기업 인증제
-홍천 청년창업 지원사업
-창업청년 일자리플러스 지원사업
-서천 청년(주민)기업 육성 사업
-꽃다지 청년 창업지원 프로그램
-귀향청년 정착 지원사업
-청년창업더하기 지원사업
-민관협력 위드로컬 청년창업 지원
-청년 다이로움 창업지원
-지역상생 언택트마켓 청년리더 육성 사업
-목포시 중소기업 창업보육센터 지원사업
-청년유니콘 정착·양성 지원사업
-영암 밀키트 창업지원 플랫폼 구축 및 운영 사업
-기업 수요맞춤형 지원사업

- 창업성장 지원사업
- 창업첫걸음 지원사업
- 학생창업 지원사업
- 청년 창업공간 지원사업
- 청년창업 지원사업
- 스타트업 액셀러레이팅 지원
- 청년창업수당 지원
- 진주지식산업센터 입주기업 맞춤형 지원사업
- 청년 로컬크리에이터육성 지원사업
- 크라우드 펀딩 지원사업
- 청년창업 1번가 통영드림존 조성 사업
- 서귀포시 청년창업농 영농정착지원금
- 제주시 청년창업농 영농정착지원금
- 초기창업패키지
- 광진경제허브센터 운영
- 구로구 창업지원센터 운영
- 도봉구 중소기업창업보육센터 운영
- 마포구 마포비즈니스센터 운영
- 성북구 벤처창업지원센터
- 서대문구 창업지원센터
- 양천창업허브 운영
- 양천구 창업디딤누리 운영
- 양천구 창업인큐베이팅 운영
- 영등포구 중소기업 창업지원센터 운영
- 용산구 창업지원센터 운영
- 용산구 청년창업지원센터 운영
- 종로청년창업센터 운영
- 동작구 중소기업창업지원센터 운영
- 동작구 청년창업지원센터 운영
- 부산 남구 스타 청년 창업기업 양성 사업
- 사하구 청년창업지원센터 운영
- 수영구 창업육성센터
- 전포메트로 청춘드림센터 입주 지원사업

- 청년창업가 디딤스페이스 입주 지원사업
- 청년창업가 비상스페이스 입주 지원사업
- 청년창조발전소 디자인스프링 입주 지원사업
- 창업기업 성장모멘텀 사업
- 인천 청년창업지원센터 운영
- 대전 청년창업지원센터 운영
- 스타트업 창의차고 운영
- 울산 북구 청년창업지원센터 운영
- 청년창업아카데미 운영
- 꿈꾸는 청년대장간
- 양주시청년센터 운영
- 시흥창업센터 입주 지원
- 의왕시 창업 지원공간 운영
- 창업 지원센터 운영 및 지원사업
- 청년큐브
- 화성 Start-up Stage 오디션
- 28청춘창업소 운영
- 근화동396 청년창업공간 운영
- 청년농업인 창업 지원
- 태안 청년 창업 인큐베이팅&사업화 지원사업
- 청년(예비) 창업자 인프라 구축 지원
- 청년(예비) 창업자 드림카 구입 지원
- 목포벤처·문화산업지원센터 운영 사업
- 청년 창업 지원사업
- 청년창업자 임대료 지원
- 김해창업카페·메이커팩토리 운영 사업
- 김해형 창업사관학교 운영 사업
- 창업보육센터 임차료 지원사업
- 양산시 START2030 청년(예비) 창업자 모집
- (예비)사회적기업 창업인큐베이팅 지원사업
- 서귀포시 스타트업베이 운영
- 양천구 서울창업카페 양천신정점 운영
- 서울창업카페 서초교대점 운영

- -서초구 창업 아카데미
- -강북구 소자본 창업 강좌
- -(송파구) 참살이 실습터 및 참살이 창업체험센터 운영
- -온라인 쇼핑몰 창업과정 교육
- -청년 창업 역량강화 교육
- -울산 남구 청년 창업스쿨
- -시흥창업 아카데미
- -부산진구 청년창업캠프
- -예비(초기)창업자 지원·육성 사업
- -신중년 사회적기업 창업 지원사업
- -시흥창업센터 창업상담실 운영
- -안성시 창업컨설팅 지원사업
- -창업커뮤니티 조성사업
- -송파청년CEO포럼
- -고양 창업페스티벌 개최
- -부천창업리그 운영
- -스타트업 경진대회
- -양주시 청년창업경진대회
- -순천시 창업아이디어경진대회
- -BETA 페스티벌
- -2022 스타트업테크쇼 개최
- -2023 CES 참가기업 지원
- -김해창업혁신센터 운영 사업

이렇게 많은 창업 지원제도가 대한민국에 있는지 제대로 아는 분이 많지 않으리라 생각된다. 나와 내 아이템에 맞고 내가 있는 지역에서 쉽게 접할 수 있는 창업 지원제도를 찾아내는 것이 중요할 것이다.

창업 지원제도가 너무 많다고 포기할 수도 있겠지만 나에게 적합한

창업 지원제도를 '선택과 집중'을 통해 잡아야 하는 것이다. 우리 정부 및 지자체는 창업 지원제도에 있어서도 중복 지원을 배제하는 경우가 있기 때문에 나와 적합한 창업 지원제도를 선택하는 훈련이 필요하다.

이 책에서만도 수많은 창업 지원제도 정보가 홍수같이 쏟아져 나올 것이지만 적합한 정보선택의 원칙을 세운 후에 숲을 보듯 전체를 살펴보고 나에게 적합한 창업 지원제도를 서서히 좁혀 나가면서 목표로 하는 창업 지원을 받기 위한 준비를 철저히 하는 것이 중요할 것이다.

"행운이란 준비가 기회를 만나는 것"
_세네카

◐ 지원보다 창업가정신과 기업가정신이 더 중요하다

이 책에 소개되는 여러 가지 창업 지원제도를 잘 활용한다고 하더라도 창업가의 철학만큼 중요하지 않다고 본다. 수십 년간 창업 현장에서 수많은 실패 창업자들을 분석해 보았을 때 창업 지원도 중요하지만 그보다 더 중요한 것은 창업자의 창업가정신과 무에서 유를 창조해 내는 불굴의 의지다.

슘페터와 함께 경영학의 아버지라고 불리는 피터 드러커는 기업가정신을 '혁신적 파괴'와 '모험'이라고 정의했다. 혁신은 기존의 것을 전혀 새로운 수준으로 만드는 것과 가깝고, 모험은 전에 존재하지 않던 것을 만들기 위한 도전과 비슷하다. 기업은 전에 없던 것을 만들어 내야 하고, 있던 것이라면 더 싸고 좋게 만들어야 생존할 수 있다. 이것에 앞장서는 사람이 기업인이다.

디지털트랜스포메이션으로 명명되는 4차 산업혁명시대에서는 혁신적 파괴와 모험의 고도화로 수많은 직업과 기업이 사라지고 새로운 직업과 기업이 탄생하기 때문에 기업가정신은 창업가정신과 함께 고려되어야 한다. 기업을 하기 위하여 무작정 창업을 하기보다는 창직을 통하여 수많은 경험과 노하우를 축적한 후 창업을 하여 기업을 오랫동안 유지하는 것이 바람직하다는 것이 우리가 현실적인 경험을 통해 체득한 사실이다.

따라서 이 책에서는 창업 지원제도만 강조하는 것이 아니라 창업가정신과 기업가정신도 동시에 강조함으로써 제대로 된 창업가가 탄생하여 우리 사회를 혁신시키고 일자리를 많이 만드는 창업가가 나오기를 기대하는 것이다.

참고문헌

· 중소벤처기업부, 「2022 창업지원사업」, K Start-up, 2022.
· K-Startup 홈페이지(www.k-startup.go.kr)

저자소개

김영기 KIM YOUNG GI

학력
· 영어영문학 학사·사회복지학 학사·교육학 학사 재학 중
· 신문방송학 석사·고령친화산업학 석사 수료
· 부동산경영학 박사·사회복지상담학 박사 수료

주요 경력
· 미국캐롤라인대학교(Caroline University) 경영학부 교수
· KCA한국컨설턴트사관학교 교장/총괄교수
· KBS공공기관면접관과정 전임교수
· 공공기관 NCS 블라인드 전문면접관
· 정보통신산업진흥원 등 10여 개 기관 심사평가위원
· 중소기업중앙회 소기업·소상공인 경영지원단 자문위원
· 소상공인시장진흥공단 소상공인 컨설턴트
· 서울신용보증재단 소상공인컨설턴트 및 창업강사
· 한국저작권위원회 저작권진단사업화컨설턴트
· (사)한국경영기술지도사회 창업창직단장

· 브레인플랫폼(주) 대표 컨설턴트

· 서울시·중앙대·남서울대·경남신보 창업 전문 강사

· 중앙대·경기대·세종대·강남대·한국산업기술대 강사 역임

자격사항

· 경영지도사·국제공인경영컨설턴트(ICMCI CMC)

· 사회적기업 코칭 컨설턴트·협동조합 코칭 컨설턴트

· ISO국제선임심사원(ISO9001/ISO14001)·창업지도사 1급·브레인컨설턴트·창직컨설턴트 1급·국가공인브레인트레이너

저서

· 『부동산경매사전』, 일신출판사, 2009. (공저)

· 『부동산용어사전』, 일신출판사, 2009. (공저)

· 『부동산경영론연구』, 아이피알커뮤니케이션, 2010. (김영기)

· 『성공을 위한 리허설』, 도서출판행복에너지, 2012. (김영기 외 20인)

· 『억대 연봉 컨설턴트 프로젝트』, 시니ㅈ어파트너즈, 2013. (김영기)

· 『경영지도사 로드맵』, 시니어파트너즈, 2014. (김영기)

· 『메타 인지 학습 : 브레인 컨설턴트』, e경영연구원, 2015. (김영기)

· 『메타 인지 학습 : 진짜 공부 혁명』, e경영연구원, 2015. (공저)

· 『창업과 경영의 이해』, 도서출판 범한, 2015. (김영기 외 1인)

· 『NEW 마케팅』, 도서출판 범한, 2015. (공저)

· 『브레인 경영』, 도서출판 범한, 2016. (김영기 외 7인)

· 『저작권 진단 및 사업화 컨설팅(서진씨엔에스, 쿠프, 아이스페이스)』, 충청북도지식산업진흥원, 2017. (김영기)

· 『저작권 진단 및 사업화 컨설팅(와바다다)』, 강릉과학산업진흥원, 2018. (김영기)

· 『공공기관 합격 로드맵』, 브레인플랫폼, 2019. (김영기 외 20인)

- 『브레인경영 비즈니스모델』, 렛츠북, 2019. (김영기 외 6인)
- 『저작권 진단 및 사업화 컨설팅(파도스튜디오)』, 강릉과학산업진흥원, 2019. (김영기)
- 『2020 소상공인 컨설팅』, 렛츠북, 2020. (김영기 외 9인)
- 『공공기관·대기업 면접의 정석』, 브레인플랫폼, 2020. (김영기 외 20인)
- 『인생 2막 멘토들』, 렛츠북, 2020. (김영기 외 17인)
- 『4차산업혁명시대 AI블록체인과 브레인경영』, 브레인플랫폼, 2020. (김영기 외 21인)
- 『재취업전직서비스 효과적모델』, 렛츠북, 2020. (김영기 외 20인)
- 『미래유망자격증』, 렛츠북, 2020. (김영기 외 19인)
- 『창업과 창직』, 브레인플랫폼, 2020. (김영기 외 17인)
- 『경영기술컨설팅의 미래』, 브레인플랫폼, 2020. (김영기 외 18인)
- 『공공기관 합격 노하우』, 브레인플랫폼, 2020. (김영기 외 20인)
- 『신중년 도전과 열정』, 브레인플랫폼, 2020. (김영기 외 18인)
- 『저작권 진단 및 사업화 컨설팅(더웨이브컴퍼니)』, 강릉과학산업 진흥원, 2020. (김영기)
- 『4차산업혁명시대 및 포스트코로나시대 미래비전』, 브레인플랫폼, 2020. (김영기 외 18인)
- 『소상공인&중소기업컨설팅』, 브레인플랫폼, 2020. (김영기 외 15인)
- 『미래 유망 기술과 경영』, 브레인플랫폼, 2021. (김영기 외 21인)
- 『공공기관 채용의 모든 것』, 브레인플랫폼, 2021. (김영기 외 21인)
- 『신중년 N잡러가 경쟁력이다』, 브레인플랫폼, 2021. (김영기 외 22인)
- 『안전기술과 미래경영』, 브레인플랫폼, 2021. (김영기 외 21인)
- 『퇴직전문인력 일자리 활성화를 위한 '경영지도 및 진단전문가' 모델 사례연구』, 한국연구재단, 2021. (김영기)
- 『창직형 창업』, 브레인플랫폼, 2021. (김영기 외 17인)
- 『신중년 도전과 열정2021』, 브레인플랫폼, 2021. (김영기 외 17인)
- 『기업가정신과 창업가정신 그리고 창직가정신』, 브레인플랫폼, 2021. (김영기 외 12인)
- 『4차산업혁명시대 AI블록체인과 브레인경영2021』, 브레인플랫폼, 2021. (김영기 외 8인)
- 『ESG 경영』, 브레인플랫폼, 2021. (김영기 외 23인)

- 『메타버스를 타다』, 브레인플랫폼, 2021. (공저)
- 『N잡러시대, N잡러 무작정 따라하기』, 브레인플랫폼, 2021. (김영기 외 15인)
- 『10년 후의 내 모습을 상상하라』, 브레인플랫폼, 2022. (김영기 외 10인)
- 『공공기관채용과 면접의 기술』, 브레인플랫폼, 2022. (김영기 외 19인)
- 『N잡러 컨설턴트 교과서』, 브레인플랫폼, 2022. (김영기 외 25인)
- 『프롭테크와 메타버스NFT』, 브레인플랫폼, 2022. (김영기 외 11인)
- 『팔도강산 팔고사고』, 브레인플랫폼, 2022. (김영기 외 7인)

수상

- 문화관광부장관표창(2012)
- 대한민국청소년문화대상(2015)
- 대한민국교육문화대상(2016)
- 제35회 대한민국신지식인(교육분야)인증(2020)

소상공인 지원사업 및 중소기업의 인력유입 지원제도 제대로 알기

박옥희

◯ 알면 도움 되는 '2022년 정부 지원제도 소개'

 창업(創業: 사업을 처음으로 이루어 시작함)은 누구나 쉽게 시작할 수 있다. 그러나 사업(事業: 어떤 일을 일정한 목적과 계획을 수립하고, 체계적이고 계속 경영함)의 지속은 어렵고 힘든 일이다.

 '2020년 기업 생멸 행정 통계'에 의하면 창업기업 중 1년 안에 폐업률이 35.2%에 달한다. 폐업의 원인은 다양하겠지만 주로 '아이디어의 참신성 부족' '시장 상황' '팀워크 문제' '자금 부족' '사업화 단계 부진' '수익창출 전략 미진' '사업주 초심 흔들림' '방만 경영' '열정 부족' '혁신 부족' 등으로 파악되고 있다. 폐업의 원인은 여기에 나열된 이유뿐만 아니라 숲속에 빽빽한 나무 수만큼 다양하다. '묻지마 창업' '뜬구름 사업' '주먹구구식 사업' 등 체계적 경영과는 거리가 먼 사업 방식을 고집하는 기업가의 운영 철학도 한몫을 한다.

 기업가는 외로운 도전이다. 기업 운영을 위해 아이디어를 사업화하여 가치를 창출해야 하고, 인건비, 고정비, 간접비 등 모든 비용도 모두 책임져야 한다. 또 한편으로는 기업문화, 인사 관리, 생산 관리, 마케팅 등을 체계적으로 정립해야 한다. 더해서 지속 가능 경영을 위한 경영 전략과 끊임없는 경영 혁신이 있어야 생존이 가능하다. 하지만 이렇게 다양한 사업의 모든 분야를 기업가가 전부 챙기는 데는 한계가 있다. 한계가 있다고 해서 간과할 수 있는 분야도 없다.

그렇다면 어떻게 해야 할까? 무슨 방법이 있을까? 이때 고민을 함께 해 주고, 도움을 줄 수 있는 전문가를 찾아가 문제해결 방법을 논의하는 것이 필요하다. 그리고 정부는 대한민국 국민과 기업을 위한 각종 지원사업을 하고 있다는 것을 떠올려 보자. 정부·지자체 등의 다양한 공공기관에서는 사업자가 생각하는 것보다 굉장히 다양한 지원 정책이 있다.

창업자를 지원하는 예비창업, 초기창업, 재창업 지원부터, 기술사업화를 위한 R&D 개발, 프로토타입 개발, 사업화 지원, 그리고 체계적인 경영 관리를 위한 인적자원 관리, 마케팅, 생산 관리, 특허, 지식재산권, 조달, 인증, 경영 혁신, 점포 개선, 디지털 전환 등 무수히 많은 지원사업이 있다.

다음의 표에서는 2022년 정부 지원사업을 소개하겠다. 각 정부 부처마다 사업이 있지만, 여기에서는 중소벤처기업부 사업을 중심으로 정리하였다.

중소기업 지원사업

대분류	중분류	소분류
금융 부문	시설 및 운전자금 대출	혁신 창업 사업화자금
		투융자 복합 금융
		신성장 기반자금
		긴급 경영안정자금
		신시장 진출 지원자금
		중소기업 매출채권 팩토링
	신용보증 지원	신용보증기금
		기술보증기금
		지역 신용보증재단
		매출채권보험
기술 개발	기술개발 자금	창업성장 기술개발
		중소기업 기술혁신개발
		구매 조건부 신제품개발 사업
		네트워크형 기술개발 사업
		산·학·연 Collabo R&D
		공정·품질 기술개발 사업
		Tech-Bridge 활용 상용화 기술개발
		해외원천기술 상용화 기술개발
		현장 수요 맞춤형 방역물품 기술개발 사업
		해외인증규격 적합제품 기술개발
		소재·부품·장비 전략협력 R&D
		제조데이터 공동활용 플랫폼 기술개발 사업
		연구기반 활용 플러스

기술개발	기술개발 자금	소상공인을 위한 생활혁신형 기술개발
		중소기업 우수연구개발 혁신제품 지정 및 시범구매 지원사업
		스마트서비스 ICT 솔루션 개발 사업
		스마트서비스 지원사업
		중소기업 기술사업화 역량강화
		중소기업 탄소중립 전환 지원
		중소기업 탄소중립 선도모델 개발(R&D)
		중소기업 Net-Zero 기술혁신개발 사업
		리빙랩 활용 기술개발 지원
		성과공유형 공통기술 R&D
		건강기능식품 개발 지원사업
		산·학·연 플랫폼 협력 기술개발 사업
		스마트 제조혁신 기술개발
	기술개발 역량강화 및 인프라 지원	중소기업 R&D 역량 제고
		뿌리기업 혁신 역량강화
		중소기업 기술거래 활성화 지원
	스마트공장 보급 확산 및 기술 유출 방지	스마트공장 구축 및 고도화 지원
		로봇 활용 제조혁신 지원
		스마트 마이스터 활용 지원
		스마트공장 수준 확인제도
		스마트공장 AS 지원사업
		데이터 인프라 구축(정보화)
		지역특화 제조데이터 활성화
		기술 보호 역량강화
		중소기업 기술탈취 근절

인력 지원	인력 양성	중소기업 특성화고 인력양성 사업	
		중소기업 인력양성대학(기술사관육성)	
		중소기업 인력양성대학(중소기업계약학과)	
		제조데이터 촉진자 양성	
	인력유입 촉진	내일채움공제	
		청년재직자 내일채움공제	
		청년연계형 내일채움공제	
		인재육성형 중소기업 지정	
		중소기업 연구인력 지원	기업연계형 연구개발 인력양성
			지역 중소기업 R&D 산업 인턴 지원
			공공연 연구인력 파견 지원
			신진 연구인력 채용 지원
			고경력 연구인력 채용
		중소기업 장기근속자 주택 우선 공급	
		중소기업 복지플랫폼	
판로 지원	중소기업에 유리한 공공기관 납품제도	중기간 경쟁제품, 공사용 자재 직접구매	
		직접생산 확인제도	
		계약이행 능력심사	
		적격조합 확인제도	
		조합추천 소액 수의계약	
		공공구매론(loan)	
		공공조달 상생 협력 지원제도	
	기술개발제품 우선구매	기술개발제품 우선구매	
		성능인증제도	
		기술개발제품 시범구매제도	

판로 지원	마케팅, 홍보 지원	유통망 진출 지원
		중소기업 공동 A/S 지원
		중소 소모성 자재(MRO) 납품기업 지원
		대한민국 동행 세일
수출 지원	초보에서 글로벌까지 다양한 수출 지원	수출 바우처
		수출 컨소시엄
		전자상거래 수출시장진출
		해외규격 인증 획득 지원
		수출 유망 중소기업 지정
		수출 인큐베이터 사업
		K-스타트업 센터
		대·중소기업 동반진출 지원
		브랜드 K 육성 관리
여성 기업 지원	여성 기업 지원	여성 기업 종합지원센터 운영
		여성 창업 경진대회
		W-창업패키지
		여성 기업 확인서 발급
		여성 기업 제품 공공구매지원
		W-디지털 판로 지원
		여성특화제품 해외진출 One-Stop 지원
		여성 기업 전문인력 매칭 플랫폼 지원
		여성 경제인 DESK 운영
		여성 최고경영자과정(AMP)
		전국 여성 CEO 경영 연수

장애인 기업 지원	장애인 기업 육성	장애인 기업 창업보육실 운영
		장애인 기업 확인서 발급
		장애인 맞춤형 창업교육
		장애인 창업 사업화 지원사업
		장애인 창업 아이템 경진대회
		장애인 창업점포 지원사업
		발달장애인 가족 창업 특화사업장 구축지원사업
		장애인 기업 시제품 제작 지원
		장애인 기업 MAS 컨설팅 및 등록 지원
		장애인 기업 국제 전시회 참가 지원
		장애인 기업 판로 지원 시스템 운영
		장애인 기업 수출 지원
		기술 인증 및 마케팅 지원
		1인 사업자 보조공학기기 지원
지역 기업 지원	지역 기업 지원	중소기업 혁신 바우처 사업
		지역특화 발전 특구제도 운영
		위기 대응지역 기업비즈니스 센터 운영
		지역특화 산업 육성
		지역특화 산업 육성+(R&D)
		산업단지 대개조 지역기업 지원
		산업단지 대개조 지역기업 R&D
		중소기업 밀집 지역 위기대응 기반구축

창업·재도전 기업

대분류	중분류	소분류
창업 기업 지원	아이디어·기술 창업 지원	예비창업패키지
		청년창업 사관학교
		글로벌 창업사관학교
		스타트업 AI 기술인력 양성
		초기창업패키지
		창업도약패키지
		혁신분야 창업패키지(비대면 스타트업 육성)
		K-스타트업 그랜드 챌린지
		팁스(TIPS)
		사내 벤처 육성 프로그램
		글로벌 액셀러레이팅
		혁신분야 창업패키지(글로벌기업 협업 프로그램)
		소재·부품·장비 스타트업 100
		지역 기반 로컬 크리에이터 활성화
		대-스타 해결사 플랫폼
	창업 저변 확대	청소년 비즈쿨
		창업 에듀
		실전 창업교육
		창업기업 지원 서비스 바우처
		도전! K-스타트업
		온라인 법인설립 시스템
		창업 지원 포털(K-Startup)
		스타트업 해외 전시회 지원사업

대분류	중분류	소분류
창업 기업 지원	창업 지원 인프라	메이커 스페이스 구축·운영
		중장년 기술창업 센터
		창업 보육 센터 지원사업
		창조 경제 혁신 센터
		창업 존 운영
		1인 창조기업 지원 센터
재도전 기업 지원	사업전환 및 재창업 지원	재도약 지원자금
		진로제시 컨설팅
		회생 컨설팅
		중소기업 선제적 구조개선 지원
		재도전 성공패키지
		구조 혁신 지원사업

소상공인·전통시장

대분류	중분류	소분류
소상공인	교육, 컨설팅 정보 제공	신사업 창업사관학교
		상권 정보시스템
		생활혁신형 창업 지원
		소상공인 사이버 평생교육원
	맞춤형 경영 개선 및 협업화 지원	소상공인 언·컨택트 교육
		소상공인 컨설팅 지원
		소상공인 무료법률 구조 사업
		소상공인 협업 활성화 사업
		경험형 스마트마켓 구축
		상생 협력 프랜차이즈 지원

소상공인	맞춤형 경영 개선 및 협업화 지원	프랜차이즈 수준평가
		소공인특화지원센터 설치·운영
		소공인 판로개척지원
		스마트공방 기술보급
		소공인복합지원센터 구축·운영
		소공인 클린 제조 환경 조성
		소상공인 불공정피해 상담센터 운영
		온라인 판로지원
		소상공인 간편 결제시스템(제로페이)
		백년가게 및 백년소공인 육성 사업
		소상공인 스마트상점 기술보급
		이익공유형 사업화 지원
	소상공인 재기지원	희망 리턴 패키지
		소기업·소상공인 공제
		1인 자영업자 고용보험료 지원사업
	소상공인 정책자금	소공인 특화자금
		성장촉진자금
		일반 경영안정자금
		청년고용 연 자금
		혁신형 소상공인 전용자금
전통시장	전통시장 지원	전통시장 주차 환경개선 사업
		전통시장 노후 전선 정비 사업
		시장경영 패키지 지원
		온누리상품권 발행
		특성화시장 육성 사업

전통시장	전통시장 지원	청년몰 조성 및 활성화 지원사업
		상권 르네상스 사업(상권 활성화 사업)
		전통시장 화재 공제 사업
		전통시장 및 상점가 화재 안전 점검
		전통시장 화재 알림시설 설치 사업
보증 지원 제도	보증 지원제도	소기업·소상공인 등 신용보증 지원
		영세 관광 사업자 금융지원 협약보증
		재해 중소기업 특례보증
		장애인 기업 특례보증
		사회적경제 기업 특례보증
		스마트혁신 성장 소상공인 지원 특례보증
		중저 신용 소상공인 지원 특례보증
		온[溫, ON]택트 특례보증
		햇살론(자영업자) 신용보증

중소벤처기업부 지원사업은 기업마당 〉 정책정보 〉 지원사업 (https://www.bizinfo.go.kr/web/index.do)에서 세부 공고문과 지원서를 확인할 수 있다.

지속 가능 경영을 위한
'백년가게 및 백년소공인 육성 사업'

백년가게, 백년소공인 인증간판 이미지

　백년가게는 소상인 및 소기업, 중기업을 발굴하여 100년 이상 존속하고 성장할 수 있도록 육성하는 사업으로 제조업을 제외한 업력 30년 이상이 신청대상이다. 단, 국민 추천제를 통해 추천을 받은 기업은 업력이 20년 이상이어도 신청을 할 수 있는 혜택이 있다.

　백년소공인은 장인정신과 지속 가능 경영을 하는 소공인을 발굴하여 100년 이상 존속하고 성장할 수 있도록 육성하는 사업이며, 제조업으로 업력 15년 이상이 신청대상이다. 상시 근로자가 10인 미만이며, 매출액이 소기업 규모 이하인 사업자를 말한다. 국민 추천제를 통해 추천을 받은 기업은 평가 시에 가점이 주어진다.

　이에 해당하는 기업은 추진 절차 및 일정을 확인하고 구비서류를 갖추어 신청서를 제출하면 되며, 평가방법은 서류심사 → 현장평가(진단) → 평가위원회(선정) 순으로 진행된다.

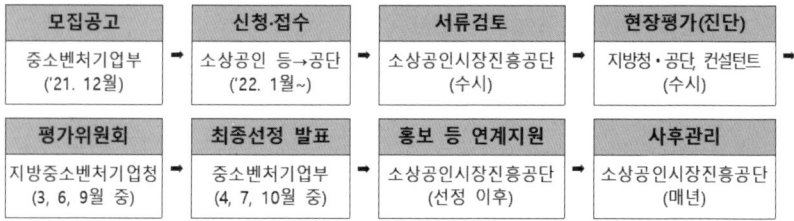

출처: 중소벤처기업부 공고 제2021-673호

신청 구비서류는 다음과 같다. ① 신청서 1부 ② 개인(기업) 정보이용 수집 및 제공 동의서 1부 ③ 증빙 자료(매출액 및 고용 등 관련) 해당 부수 ④ 사업자등록증, 폐업사실증명원 등 해당 부수 ⑤ 행정처분 및 포상이력 확인서 1부 ⑥ 신청업체 기술서 1부.

평가 항목에는 경영자의 전문성, 학습지향성, 혁신의지 및 역량, 제품/서비스의 사업의 차별성 및 우수성, 마케팅 부문의 차별성, 고객 관리, 적극성, 조직/점포의 관리체계, 영업성과 부문의 지속성, 성장성이다. 특히 2022년에 추가된 항목으로 사회공헌 활동 및 친환경 활동이 주목된다. 가점으로는 인증실적, 네트워크(조직화, 협업화), 풍수해보험 가입 여부, 기타 비용 절감, 제로페이 가입 여부 등이며 정부 포상 및 디지털 전환이 추가되었다.

백년가게 및 백년소공인에 선정되면 홍보, 컨설팅, 판로 개척, 시설 개선, 정책자금 금리 우대, 소상공인시장진흥공단 지원 산업 신청 우대 등의 혜택이 있다.

2022년 현재 전국의 백년가게는 1,158개가 있으며, 백년소공인은 740개가 선정되어 홈페이지에 홍보되고 있다. 선정된 가게와 기업에 현판이 걸려 있어 고객들이 믿고 신뢰할 수 있는 기업으로 홍보되고 있다. 사업주는 정부에서 제공되는 혜택으로 컨설팅 및 판로 개척, 시설·경영관리, 점포 개선, 정책자금 융자를 저리로 받을 수 있다.

백년가게와 백년소공인의 정보는 아래 사이트에서 확인 가능하다.
-백년가게 육성 사업:
https://100year.sbiz.or.kr/html/main.php
-백년가게, 백년소공인 홈페이지:
https://www.sbiz.or.kr/hdst/main/mainPage.do

스마트 점포 육성을 위한 '경험형 스마트마켓 사업'과 '스마트상점 기술보급 사업'

1) 경험형 스마트마켓 사업

코로나 19 이후 재택근무, 화상회의 및 온라인 교육이 일상화되고 있으며 소비 또한 온라인 주문 및 비대면으로 이루어지면서 배달과 무인상점이 폭발적으로 증가하고 있다.

소상공인시장진흥공단에서 지원하는 경험형 스마트마켓 사업은 지역주민에게 365일 에코 쇼핑(심야시간 친환경 무인 쇼핑)과 새로운 스마트 경험을 제공하는 플래그십형 스마트마켓 구축 사업으로 도·소매업을 영위하는 소상공인에게 경험요소(오프라인 매장만의 색다른 경험)와 스마트요소(경험요소를 구현하기 위한 스마트기기)를 결합하여 지원하는 사업이다.

지원내용은 스마트 쇼핑 및 경험을 제공하기 위한 인프라 구축 비용인 3,000만 원은 국비 지원 70%(2,100만 원), 점주 자부담이 30%(900만 원)이다. 지원 규모는 수도권·강원권 40개, 경상권 30개, 충청권·호남권 30개로 약 100개 내외이다.

신청자격은 아래 조건을 모두 충족하는 소상공인이다. 소상공인은 매출 규모와 상시 근로자 규모가 소상공인 기준에 부합하여야 하며 도·소매업은 50억 원 이하, 상시 근로자 5인 미만이다. 신청 제한은 지원 제외 업종 및 비영리 영위, 세금 체납, 단순 무인점포, 허위 신청 등이다.

세부 지원내용

구분	세부 지원내용	금액	비율
경험요소	-경험형 콘텐츠 구현을 위한 시설도입 및 개선 등 인프라 구축 비용	최대 1천 4백만 원	-

스마트 요소	-키오스크, 출입인증장치, 무인계산대, 잠금장치, CCTV 등 스마트기기 구입 비용 -이외 경험요소 구현을 위한 보조수단의 스마트기기라고 인정되는 경우 스마트화요소로 분류 * 단, 매장 외에 이동이 가능하거나, 단순 자산 취득 목적으로 판단되는 경우, 지원 목적에 부합하지 않는 기기는 지원 제외	최대 7백만 원	
국비		2천 1백만 원	국비 70%
자부담금		9백만 원	자부담 30%
사업비 총계(부가세 자부담)		3천만 원	100%

평가 및 선정 절차는 매출 실적 자료 등을 활용하며, 점주의 참여 의지와 혁신성, 매출 향상 가능성 등을 서류평가(서면) → 현장평가(대면) → 최종 선정 단계를 통해 진행된다.

평가 절차

1단계 서류평가(서면)	2단계 현장평가(서면)	3단계 최종 선정
-지원대상 및 지원내용 적합 여부 -(우대) ·일정구역 내 참여희망 소상공인 밀집 ·전문자격 및 실무 경험	-콘텐츠 구현 공간 확인 -현장 관련 점주 인터뷰 ·점주의 역량 및 의지(40점) ·아이디어 혁신성(30점) ·성장 가능성(30점)	-경험형 스마트마켓 최종 선정 후 지원

경험형 스마트마켓은 고객에게 스마트 경험과 심야시간에도 마켓용품을 제공할 수 있어 고객의 편리성이 증대된다. 또한, 점주는 점포를 특정 시간대에 무인 운영이 가능해져 식사시간과 공공업무를 볼 수 있게 되어 정신적·신체적 스트레스를 줄일 수 있다. 최근 스마트기술과

장비 도입으로 점포 운영시간이 증가하고, 제품 구색을 다양하게 갖출 수 있어 고객의 유인이 높아져 매출 향상에도 도움이 된다.

2) 스마트상점 기술보급 사업

스마트상점 기술보급 사업은 소상공인 사업장에 IoT, VR·AR 등 스마트기술을 접목하여 소상공인 자생력 및 경쟁력 강화를 지원하는 사업이다.

경영환경이 급변하고 있는 상황에 기업은 혁신과 변화를 통해 생존을 꾀해야 한다. 이것은 소상공인도 마찬가지다. 현시대를 디지털 전환(DX)시대, 또는 ESG 경영시대라고 한다. 정부에서도 이러한 경영환경 변화를 지원하기 위해 소상공인 스마트상점 기술보급 사업을 하고 있다.

이 사업은 소상공인이 밀집된 상권을 스마트상점가로 지정하고 상점가 내 상점에 스마트기술을 집중 도입하여 전국 확산의 거점으로 육성하고 있다. 선정 규모는 주요 업종별 협회 및 단체(50곳 내외) 특성 및 소상공인 참여 의사에 따라 각 30~80개 점포에 스마트기술을 보급한다. 지원금은 일반형은 최대 500만 원, 선도형은 1,500만 원까지 지원한다.

스마트기술 보급체계는 상인조직이 기초지자체에 제출하고, 기초지자체는 광역단체에 참여 신청 공문을 발송하고, 광역단체는 기초단체들의 신청서를 취합하여 소진공에 공문을 발송한다.

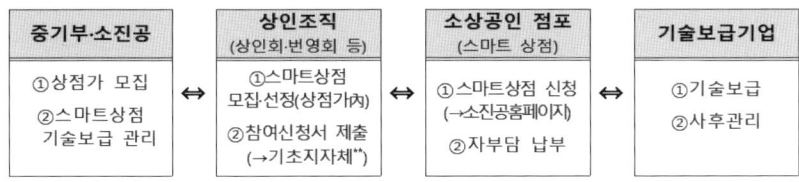

출처: 중소벤처기업부 공고 제2022-122호

신청대상은 소상공인 점포가 밀집되어 있고 조직화된 사업 주체가 있는 상점가이다. 일정 규모 이상(ex. 80개 이상)의 상점가를 우선 선정하고, 상점가별 가장 인접한 점포가 도보로 5분 이내 이동 가능한 경우 여러 상점가가 연합하여 신청 가능하다. 상인회, 번영회 등 상권 내 상인으로 구성된 조직이 있어야 하나, 지자체가 역할 대행도 가능하다.

지원은 점포별 스마트기술 도입 소요 비용의 70%이며, 공급가액 기준 70%로 부가가치세는 소상공인이 부담한다. 중점 지원 및 복합 지원 기술(안)은 다음과 같다.

구분	중점 지원 기술	기초 기술
주요 기술	-키오스크, 태블릿 테이블 오더 -스마트미러 -로봇 기반 기술(서빙로봇, 튀김로봇 등) -3D 스캐너 및 프린터 등	-QR 및 앱 기반 스마트오더 -디지털 메뉴보드

평가는 서류평가와 현장평가로 구분되며, 가점 항목이 있다. 서류평가 항목은 도입 필요성(30), 상권분석 사항(20), 사업 계획(30), 자부담 확보 방안(10), 사후 관리 방안(10)으로 총 100점 만점으로 구성되어 있

다. 현장평가 항목은 사업추진 적합성(50), 추진 기반 조성(40), 추진 역량(10)이다. 가점에는 도입기술 다양화(1~3), 간편 결제 환경 조성 여부(1~3)로 최대 6점까지 가능하다.

ⓞ 경영의 애로와 개선을 위한 '소상공인 역량강화 컨설팅 지원사업'

1) 긴급 경영 컨설팅 지원사업

긴급 경영 컨설팅은 경영애로를 지원함으로써 소상공인의 경쟁력을 강화하기 위한 지원사업이다. 지원 규모는 3,100개 기업 내외이며, 지원대상은 소상공인 또는 예비창업자이다.

코로나 19의 장기화와 오미크론의 확산세로 매출의 직격탄을 맞고 폐업을 하는 소상공인이 점점 늘어나고 있다. 어려운 상황에서 혼자 끙끙 앓지 말고 정부 지원사업 신청으로 전문가에게 애로사항을 문의하고 새로운 돌파구를 찾아보자.

지원하는 주요 내용은 컨설팅 지원 업종 및 분야에 대해 전문 인력(컨설턴트)이 온·오프라인을 이용하여 맞춤형 컨설팅을 제공한다.

구분		내용	지원 일수
지원 업종		음식점, 도소매, 서비스, 제조업, 기타	1~4일
지원분야	경영	마케팅, 영업홍보, 프랜차이즈, 직원 관리, 재무 관리, 안전·보건 관리 등	
	브랜드·디자인	브랜딩 및 디자인 도입 및 고도화	
	법률	특허, 법률, 세무, 노무 등	
	기술	상품 및 메뉴 개발, 이·미용 비법 전수 등	
	투자·디지털 전환	소상공인의 디지털화, 투자·펀딩 등	

지원조건은 컨설팅 비용의 90%는 국비로 지원하고 10%는 자부담이 있다. 단, 자부담 무료조건에 해당하는 경우에는 100% 국비로 지원되니 본인의 해당 여부를 자세히 살펴보기 바란다. 자부담 무료조건은 아래와 같다.

-간이과세자
-일반과세자(면세사업자 포함) 중 최근 1년 연매출액 8,000만 원 미만 소상공인
-공고일 기준 창업 1년 미만 창업자 및 예비창업자
-백년가게 및 백년소공인
-LH 희망상가 입점 소상공인
-지역경제 위기 지역 소상공인
-"은행 연계 경영컨설팅" 신청 소상공인
-착한 임대인
-소상공인 창업·성장 지원사업 수혜 1년 경과자
-상가 임대차 관련 컨설팅 신청인

지원 절차는 다음과 같다.

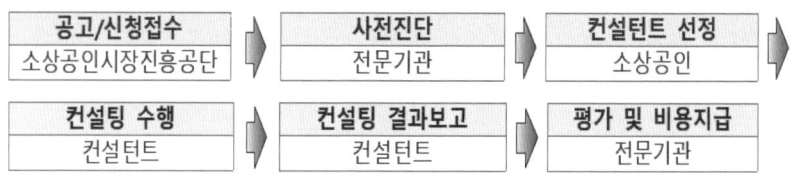

출처: 중소벤처기업부 소상공인시장진흥공단 2022.3.23.

2) 창의육성 컨설팅 지원사업

 창의육성 컨설팅은 소상공인의 창의적 경영 개선 아이디어 실현을 위한 맞춤형 컨설팅을 통해 실질적인 지원책을 제공하는 지원사업이다. 지원 규모는 1,500개 기업 내외이다. 지원대상은 창의적 경영개선 아이디어를 가진 소상공인이며, 자세한 사항은 지원 공고문을 참조하기 바란다.

 경영 개선 아이디어 실현 목적 및 문제 진단, 실행 방향 등 과제 수행을 위한 기획 등을 컨설턴트 매칭을 통해 지원 가능하다. 지원하는 항목은 다음과 같다.

지원 항목	내 용	지원 금액
제품 가치 향상	브랜딩, 디자인 개발, 신제품 및 메뉴 개발, 상품 기획 등	최대 300만 원 이내
판로 창출	SNS 마케팅, 온라인몰 입점 등	
스마트 전환	배달앱 입점, 모바일 홈페이지 개발, 정보화 구축 등	
경영·기술 혁신	경영 전략 수립, 구조 개선, 인증 획득, 제품 시험 등	
법률 지원	특허, 법률, 세무 회계, 노무 등	
점포 개선	간판, 점포 리모델링, 안전·보건 시스템 구축 등	

지원조건은 컨설팅 비용 60만 원은 국비 100% 지원이며 아이디어 실현 및 고도화 지원은 최대 300만 원 이내이며 국비 80%, 자부담 20%이다. 단, 아이디어 실현 및 고도화 사업비가 300만 원을 초과할 시에는 초과분에 대해 신청인이 부담하며 부가가치세는 지원하지 않는다.

지원 횟수는 동일 신청인의 경우 연 1회로 한 해 지원하며, 선정 방법은 시행 공고 후 소상공인이 작성하고 제출한 '사업수행계획서'를 바탕으로 평가 후 선정된다. 평가 항목은 아이디어 적절성에서 창의성 및 타당성(20)과 구체성 및 실현가능성(30)이며, 아이디어 실현 능력에서 대표자 마인드 및 가치관(20)과 아이디어 실현 후 경영 개선 가능성 및 효과성(30)이다. 가점(5)은 수상경력과 보유 특허 또는 디자인증 등이다. 지원 절차는 다음과 같다.

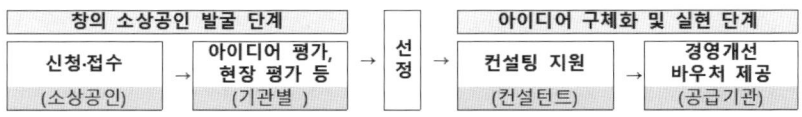

출처: 중소벤처기업부 소상공인시장진흥공단, 2022.3.23.

올해는 창의육성 컨설팅 선정 경쟁률이 높다는 소식이다. 경영 지원을 받기 위해 사업을 고도화할 수 있는 아이디어를 '사업수행계획서'에 잘 녹여 내는 것이 필요해 보인다.

◯ 청년고용 창출을 위한
'청년 일자리 도약장려금 지원사업'

청년 일자리 도약장려금은 기업의 청년고용 확대를 지원하고, 취업에 애로를 겪는 청년의 취업을 촉진함으로써 청년고용 활성화를 목적으로 한다.

지원대상은 도약장려금 사업 참여 신청 직전 월부터 이전 1년간 '평균 고용보험 피보험자 수 5인 이상'을 고용하고 있는 우선지원대상기업의 사업주이다. 다만, 기준 피보험자 수가 1인 이상 5인 미만인 기업이라도 다음의 어느 하나에 해당하는 기업은 지원가능하다.

> ① 성장 유망 업종 ② 지식서비스 산업 관련 업종 ③ 문화콘텐츠 산업 관련 업종 ④ 신·재생에너지 산업 관련 업종 ⑤ 「중소기업창업 지원법」에 따른 청년 창업 기업(만 15~39세) ⑥ 미래 유망기업 ⑦ 지역주력 산업 ⑧ 고용위기 지역 소재 기업 ⑨ 특별고용 지원 업종 해당 기업

지원대상 청년은 채용일 현재 만 15세 이상 34세 이하인 자이다. 단, 군필자의 경우 의무복무 기간에 비례하여 참여 제한 연령을 연동하여 적용(최고 만 39세로 한정)한다.

근로조건은 기간의 정함이 없는 근로계약을 체결한 자, 고용보험에 가입된 자, 주 소정 근로시간이 30시간 이상인 자, 최저임금법이 정하는

임금 이상을 받는 자이다. 지원기간은 참여기업이 정규직으로 신규 채용하여 6개월 이상 고용 유지한 청년에 대해 채용일로부터 최대 12개월간 지원금을 지급한다. 지원 수준은 지원대상 청년 1인당 지원금은 월 최대 80만 원, 1년 최대 960만 원이다.

고용노동부에서 청년에게 취업의 길을 열어 주고, 중소기업의 인건비 부담을 낮춰 주는 일자리 정책 지원이다.

◯ 혼자 가면 막막해도 함께라면 길이 보이는 '예비창업자 및 스타트업, 소상공인 멘토링 지원사업'

예비창업자 및 스타트업을 지원하는 사업도 매우 다양하게 있으니, 혁신적인 아이디어와 기술이 있다면 사업화자금 및 멘토링 지원사업을 신청해 볼 수 있다.

대표적으로 창업진흥원 예비창업패키지 사업으로 혁신적인 기술 창업 아이디어를 보유한 예비창업자의 성공 창업 및 사업화 자원을 통한 양질의 일자리 창출을 목적으로, 사업화자금 '최대 1억 원(평균 5천만 원)'과 '창업교육 및 멘토링'을 지원하고 있다. 지원분야는 일반분야와 특화분야로 구분된다.

구분		분야별 설명
일반분야		정보·통신, 전기·전자, 기계·소재(재료), 바이오·의료(생명·식품), 에너지·자원(환경·에너지), 화학(화공·섬유), 공예·디자인 등 전(全) 기술분야
특화 분야	소셜 벤처	사회문제 해결을 목표로 혁신기술 또는 비즈니스 모델을 통한 수익을 추구하는 분야
	여성	유망 기술 창업 소재를 보유한 우수 여성분야
	바이오	생물체 기능과 정보를 활용하여 유용 물질을 생산하는 생물공학 기술분야
	핀테크	핀테크 기술을 기반으로 새로운 형태의 금융·경제 모델을 구현하는 분야
	무인이동체 (자율주행, 드론)	자율주행 및 드론을 통해 지능화 혁명을 이끌고 산업시장을 주도하는 분야
	그린경제	급격한 기후변화 등으로 대두되고 있는 친환경 저탄소 경쟁력을 추구하는 분야
	D.N.A	안전한 데이터(D) 활용, 초연결 네트워크(N) 구축, AI(A) 확산을 통한 혁신분야

창업과 사업은 혼자 가면 외롭고, 힘이 든다. 묻지마 창업과 주먹구구식 사업으로 어려운 길로 들어설 수 있다. 사업의 성장을 위해 정부 지원사업에 도전하고, 전문가의 상담을 통해 애로사항을 해결해 보는 것도 중요한 경영 전략이 아닐까?

필자의 멘토링 활동

- 창업진흥원의 전담 멘토
- 경기도경제과학진흥원 경기 스타트업 멘토
- 영등포 청년창업 멘토
- 전남창조혁신센터 전남으뜸창업 멘토
- 여성기업종합지원센터 여성기업 대사단 여성기업 멘토
- 광역소공인지원센터 전문 멘토
- 소상공인시장진흥공단 백년가게, 아이디어 톡톡 생활혁신형 창업, 경험형 스마트 마켓 평가위원

참고문헌

· 통계청, 2020년 기업생멸행정통계 결과, 경제통계국 경제통계기획과, 2021.12.17.
· 중소벤처기업부, 2022년도 중소벤처기업 지원사업, 2021.12.
· 중소벤처기업부·소상공인시장진흥공단, 2022년 백년가게 및 백년소공인 모집공고, 2021.12.31.
· 중소벤처기업부·소상공인시장진흥공단, 2022년 소상공인 스마트상점 기술보급사업 스마트 상점가 모집공고, 2022.2.8.
· 소상공인시장진흥공단, 2022년 경험형 스마트마켓 지원사업 운영기관 모집공고, 2022.4.18.
· 소상공인시장진흥공단, 2022년 소상공인 역량강화사업 시행 공고, 2022.3.23.
· 고용노동부, 청년 일자리 도약장려금 사업운영 지침, 2022.1.
· 중소벤처기업부, 2022년도 예비창업패키지 예비창업자 모집공고, 2022.2.24.

저자소개

박옥희 PARK OK-HEE

학력
· 컨설팅학 박사
· 경영학 학사, 석사

주요 경력
· ㈜경영지도법인성장 경영연구소 소장
· 엔씨스마트 경영컨설팅 대표
· 여성기업종합지원센터 여성기업 대사단
· 한국경영인증원 가족친화인증 심사위원
· 한국건강가정진흥원 가족친화 컨설턴트
· 서울시여성가족재단 일·생활균형 컨설턴트
· 중소벤처기업부 비즈니스지원단 전문위원
· 소상공인시장진흥공단 역량강화 컨설턴트
· 경기도 경제과학 진흥원 경기 스타트업 플랫폼 전문위원
· 한국산업인력관리공단 NCS 기업활용 컨설팅 컨설턴트
· 한국관광공사 관광두레 컨설턴트

· 한국인터넷진흥원 평가위원
· 한국데이터산업진흥원 평가위원
· 소상공인시장진흥공단 평가위원
· 인천도시공사 기술자문위원(관리운영부분)
· 중소기업 ESG 전문가(한국경영기술지도사회)
· NCS 블라인드 채용 공공기관 전문 면접관

자격사항
· 경영지도사
· 기업·기술가치평가사

저서
· 『ESG 경영』, 브레인플랫폼(주), 2021. (공저)
· 『기업가정신과 창업가정신 그리고 창직가정신』, 브레인플랫폼(주), 2021. (공저)
· 『안전기술과 미래경영』, 브레인플랫폼(주), 2021. (공저)
· 『공공기관 채용의 모든 것』, 브레인플랫폼(주), 2021. (공저)
· 『경영지도사 인적자원관리분야 2차 조직행동론 실전 모의고사(125문)』, e-pub, 2018. (공저)
· 『ESG 경영시대, 대한민국 정부 일·생활균형 인증제도 비교』, 한국신용카드학회, Vol 15-4, 2021.12.

생산성경영체제(PMS) 인증제도 활용하기

황낙진

◯ 생산성경영체제(PMS) 인증제도

지난 2022년 4월 8일 산업통상자원부 홈페이지에 게시된 사업공고가 있다. 산업통상자원부 제2022-321호로 나온 공고의 제목은 '2022년도 『생산성경영체제』 보급·확산을 위한 기업진단 및 컨설팅 지원사업 공고'이다.

동 사업은 「산업발전법」 제27조 제1항 제7호에 따라 실시되는 사업으로 신청대상은 기업 규모에 관계없이 신청 가능하며, 중소기업인 경우 업종 및 매출액 크기에 따라 지원금을 받을 수 있다. 매출액이 업종별 소기업 기준에 해당하는 경우 지원금은 소요비용의 50%를 받을 수 있는데, 매출액이 가장 높은 수준인 중소기업은 최소 20%까지 지원금을 받을 수 있다.

본 장에서는 생산성경영체제(PMS) 인증제도에 관하여 소개하고자 한다.

산업통상자원부 공고 제2022 - 321호

2022년도 『생산성경영체제』 보급·확산을 위한 기업진단 및 컨설팅 지원사업 공고

산업발전법 제27조 제1항 제7호에 따라 대·중견·중소기업의 생산성 향상을 위한 경영체제(이하 '생산성경영체제')를 보급하고 체계적인 경영역량 향상을 지원하기 위하여 다음과 같이 기업진단 및 컨설팅을 제공하고자 하니 기업 및 기관의 많은 신청을 바랍니다.

2022년 4월 8일
산업통상자원부장관

출처: 산업통상자원부 홈페이지, 2022.4.30.

1) 생산성경영체제(PMS) 인증제도란

생산성경영체제 또는 생산성경영시스템(PMS: Productivity Management System, 이하 'PMS' 혼용) 인증제도는 기업경영시스템의 역량 수준을 진단하여 기업의 현재 수준을 인증하고, 문제점 도출과 생산성 향상 과제를 제시하여 기업의 체계적인 혁신 활동을 통한 생산성 향상을 유도하는 원스톱 서비스를 말한다.

생산성경영체제(PMS)는 「산업발전법」 제30조에 근거를 둔 기업 생산성 향상 프로그램으로 주무부처는 산업통상자원부이며 전담기관으로 한국생산성본부가 지정되어 있다. 한국생산성본부는 산업통상자원부 산하 특별법인으로 1957년 「산업발전법」 제32조에 근거하여 산업의 생산성 향상을 효율적이고 체계적으로 추진하기 위하여 설립되었다. (홈페

이지: http://pms.kpc.or.kr)

2) 생산성경영체제(PMS) 특징

생산성경영체제(PMS)의 특징으로 진단형, 등급형, 혁신형을 들 수 있다.

먼저 PMS는 기업 전반적인 경영 수준을 7개 범주별로 진단하는 '진단형'이다. 7개 범주는 리더십, 혁신, 고객, 측정/분석, 인적 자원, 프로세스, 경영성과를 말하는데 7개 범주별 진단을 통하여 문제점을 파악하고 분석하여 혁신 목표 및 혁신 과제를 제시한다.

다음으로 PMS는 경영시스템 현재 수준을 PMS 등급으로 제시하는 '등급형'이다. 진단 점수에 따라 성숙도는 Stage. I 에서 Stage. V 까지, 등급은 Lv. 1에서 Lv. 10으로 구분되어 진다. 점수는 100점 단위로 구분되는데 최고점은 1,000점이다.

마지막으로 PMS는 맞춤형 컨설팅 및 교육을 통해 기업의 생산성을 향상시키고 나아가 경영시스템 수준(PMS 등급)을 향상시키는 '혁신형'이다. 주요 맞춤형 컨설팅 및 교육분야는 전략경영, 혁신 활동, 마케팅 역량강화, 인적자원 역량 향상, 연구개발 관리, 현장 생산성 향상, 구매·자재 관리 등이다.

PMS 구성체계

생산성경영체제(PMS)는 '탁월한 생산성 목표'를 달성하기 위하여 7가지 경영원칙을 토대로, 세부 항목별 역량 성숙도에 따라 현재 경영 수준을 평가한 후, 역량 성숙도 단계에 따라 맞춤형 개선 활동을 추진함으로써 탁월한 생산성 목표를 달성할 수 있도록 설계되어 있다.

1) 생산성경영시스템의 구조(Framework)

리더십, 인적자원 관리, 고객과 시장 관리, 프로세스 관리, 생산성 향상 활동의 전개, 측정 및 분석, 경영성과의 7개 범주를 분석한다. 7개 범주에 대한 종합적인 분석이 이미지화되어 경영의 전체적인 모습을 파악할 수 있다. 절대 수준의 평가와 함께 상대적인 취약점도 파악하여 효과적으로 대응할 수 있도록 짜여 있다.

생산성경영시스템 구조(Framework)

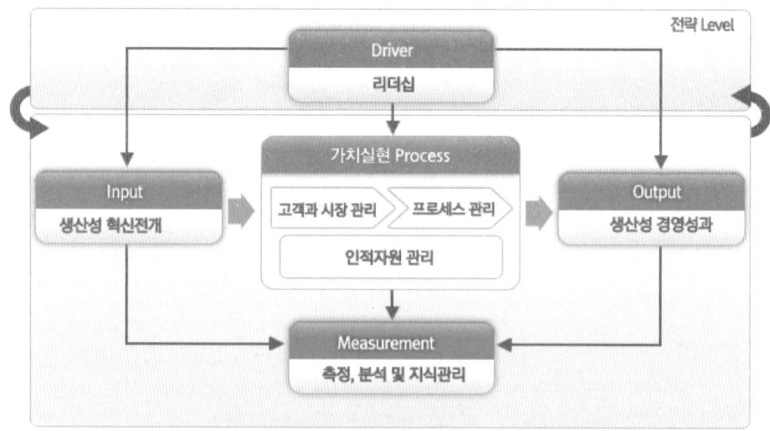

출처: 한국생산성본부 홈페이지, 2022.4.30.

2) 역량 성숙도 모델과 혁신로드맵

생산성경영시스템은 역량 성숙도 모델에 따라 5개의 Stage와 10개의 Level로 구성되어 있다.

Stage 구분	Stage 설명
Stage 1: Informal	결과를 얻기 위해 활동한다.
Stage 2: Repeatable	행동하기 전에 생각하고, 행동한 후 생각한다(제대로 되었는지 확인한다).
Stage 3: Disciplinary	평가한 결과를 가지고 정책이나 표준을 설정하고, 그 결과를 활용한다.
Stage 4: Agile	기대하는 결과를 예측하고, 그 결과를 얻기 위해 기회를 창출한다.
Stage 5: Visionary	학습한 결과를 토대로 새로운 교훈(진리)을 얻고, 정책이나 표준을 개정한다.

3) 참여기업 인센티브

생산성경영체제(PMS) 인증기업의 지속 성장을 지원하기 위해 제도에 참여한 기업에게는 PMS 사업비 지원, 정부 포상, 금융 지원, 중소기업 지원시책, 기타 병역지정업체 추천 시 우대, TV·Radio 광고료 할인(70%) 등 인센티브가 있다.

구분	참여기업 인센티브	비고
PMS 사업비 지원	기업진단(심사), 과제해결 활동(OJT 컨설팅/교육)에 소요되는 비용을 매칭 지원	최대 50%
정부 포상	'국가생산성대상' 정부포상제도 응모 시 가점 부여	
방산 기업 추가이윤보상	방산물자 기업에 대한 경영노력 보상률 최대 1.0% Point 추가	PMS 등급 Level. 4 이상
금융 지원	보증수수료 0.1% Point 차감 신용보증 시 장기이용기업에 대한 보증비율기간 연장(10→12년) 신용보증 시 부분보증 비율 85% 적용	
중소기업 지원시책	중소기업 컨설팅 지원사업 신청 시 가점 중소기업 기술개발 사업 평가 시 가점 판로 및 수출지원	PMS 등급 Level. 3 이상 중소기업
기타	기타 병역지정업체 추천 시 우대 TV, Radio 광고료 할인(70%) DMB 광고 추가 1회 보너스	

4) PMS 인증과 ISO 인증 비교

PMS 인증은 기업의 현재 생산성경영 수준을 심사(진단)하여 목표 수준을 제시하고, 목표 달성을 위한 과제 수행을 지원한다. 반면에 ISO 인증은 기업의 경영시스템이 ISO 규격에 적합한지 심사하여 인증한다.

심사 범주에 있어 PMS 인증은 리더십, 혁신 활동, 고객시장, 측정분석, 인사 관리, 프로세스, 생산성경영성과 등 경영 전반의 7개 범주임에 반해, ISO 인증은 품질, 환경, 안전 등 경영시스템의 특정분야를 대상으로 한다.

인증 심사의 인증 기준을 살펴보면 먼저 PMS 인증은 경영시스템 수준을 1,000점 만점의 10개 등급(Level)으로 구분하여 등급별로 인증을 부여한다. 반면에 ISO 인증은 규격이 요구하는 사항에 대하여 중대한 부적합 사항이 없을 시 인증을 부여하는 형태이다.

컨설팅과의 연계성에 있어서 PMS 인증은 심사 이후 목표 달성을 위한 과제에 대하여 OJT 컨설팅 및 교육을 실행한다(선 인증 심사, 후 컨설팅). 그러나 ISO 인증은 일반적으로 먼저 컨설팅을 실시한 다음 인증 심사를 받는다(선 컨설팅, 후 인증 심사).

PMS 인증 심사원

1) PMS 인증 심사원 자격체계

한국생산성본부의 PMS 인증 심사원은 양성과정 수료자, 심사원보, 심사원, 선임 심사원 4단계로 되어 있다. 양성과정에 선발되어 자격을 취득하는 과정도 쉽지 않은 일이지만 양성과정 수료 후 심사원보를 거쳐 정식 심사원이 되기까지 기간도 꽤 오래 걸리는 편이다.

PMS 심사원 자격체계

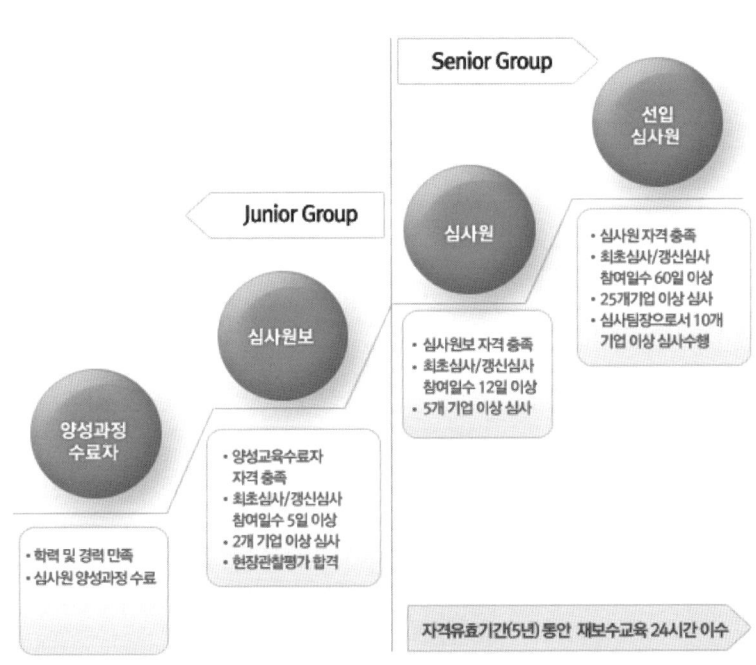

출처: 한국생산성본부 홈페이지, 2022.4.30.

2) PMS 인증 심사원 양성과정

한국생산성본부에서 실시하는 PMS 인증 심사원 양성과정은 확인 결과 2020년 11월 20일부터 총 6일간 진행한 제34기 PMS 인증 심사원 양성과정이 마지막 과정이었던 것으로 보인다. 총 10명을 선발하였으며 인천시 소재 로얄 호텔에서 교육을 진행하였다. 교육비는 일반인은 220

만 원, 한국생산성본부 회원사는 200만 원 수준이었다.

PMS 인증 심사원 양성과정

```
                    ┌─────────────────┐
                    │ 교육참가신청서제출 │
                    └────────┬────────┘
                             │
         불합격      ┌────────┴────────┐
      ┌─────────────│  학력, 경력 검증  │
      │             └────────┬────────┘
      ▼                      │ 합격
┌───────────┐       ┌────────┴────────┐
│ 자격미달 통보│       │  교육수강생 통보  │
└───────────┘       └────────┬────────┘
   ※ 학력, 경력 자격 미달자도    │
      원할 경우 수강 가능        │
                             ▼
   ※ 교육비용의 30% 부담  ┌────────────┐
   ┌──────────────────→│  교육비 납부  │
   │                   └──────┬─────┘
┌─────────────┐              │
│ 판정 불합격   │   불합격    ┌──┴──────┐
│ -3년 이내 1회 │←───────────│ 교육 실시 │
│  재수강 가능  │             └────┬────┘
└─────────────┘                   │
                         ┌────────┴────────┐    ※ Workshop 발표력 및
                         │    관찰평가      │──── 인증제도 이해 정도
                         └────────┬────────┘    ※ 필요시 필기시험 병행
                                  │ 합격
          불합격         ┌────────┴────────┐    ┌─────────────────┐
      ┌─────────────────│   현장심사      │←───│ 학력, 경력 자격 미달자는│
      │                 │   수행관찰      │    │   2년 이내 자격 확보   │
      │                 └────────┬────────┘    └─────────────────┘
      │                          │
      │                 ┌────────┴────────┐
      │                 │  심사원보 등록 및 │
      │                 │   심사 트레이닝   │
      │                 └────────┬────────┘
      │                          │
      │                 ┌────────┴────────┐
      │                 │   인증심사 참여   │
      │                 └─────────────────┘
```

출처: 한국생산성본부 홈페이지, 2022.4.30.

당시 양성과정 참가자격은 다음과 같은데 석사학위 소지자는 경력 2년을 추가로 인정해 준다.

- 회계사 또는 경영지도사로서 3년 이상의 컨설팅 유경험자
- 컨설팅 법인에서 7년 이상의 컨설팅 유경험자
- 컨설팅 법인에서 5년 이상의 컨설팅 경험과 국제표준화기구에서 제정한 품질경영시스템에 관한 국제규격(ISO 9001) 인증 심사원으로서 5년 이상 유경험자
- 일반기업 근무자로서 생산성경영체제 심사 범주와 관련 있는 부서에서 9년 이상 근무자
- 3년 이상의 진단지도 또는 관련 연구 실적이 있는 박사학위 소지자

PMS 인증 심사

1) PMS 인증 심사 절차

PMS 인증 심사는 조직의 생산성경영 수준을 진단하여 인증 등급을 부여하고 등급 수준에 맞춰 혁신 목표 및 과제를 제시한다.

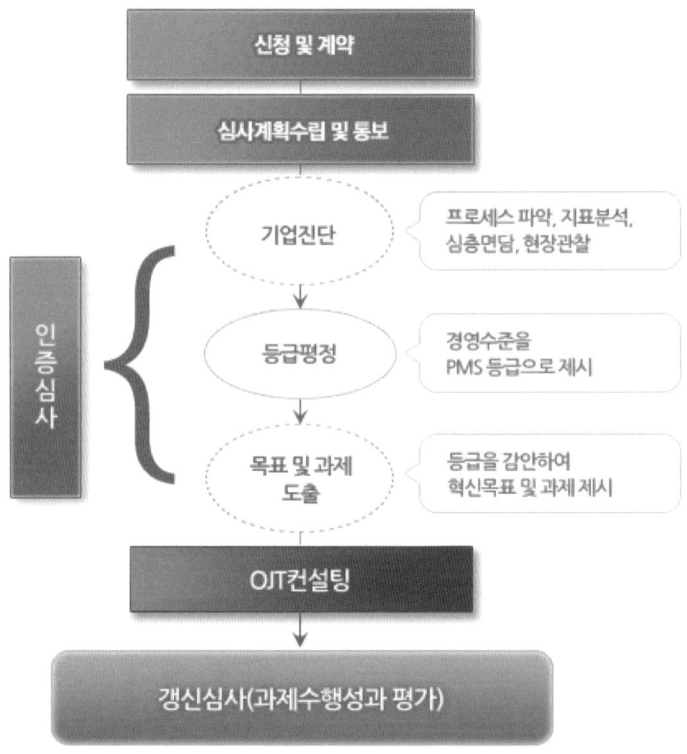

출처: 한국생산성본부 홈페이지, 2022.4.30.

2) 인증 심사팀 구성 및 결과 보고

PMS 인증 심사팀은 분야별 전문가로 구성되는데 각 범주별로 전문가들이 심사를 분담함으로써 심사는 단기간 내에 효율적으로 이루어진다. 전문가들은 심사 결과 나타난 취약점에 대하여 효과적인 대안을 제시한다.

인증 심사 마지막 날 고객은 심사 결과에 대하여 정리된 보고서와 브리핑을 받게 된다. 체계적인 보고서가 심사 평가와 동시에 작성되어 현장에서 바로 제공되는 것이 PMS 인증 심사의 특징이다. 그러므로 마지막 날 브리핑에 필요한 프로젝터와 심사 브리핑을 참관할 인원이 모두 들어갈 수 있는 장소를 미리 준비해야 한다.

3) 생산성 향상 과제와 혁신 프로그램

심사 결과 브리핑 시 심사팀은 몇 가지 혁신 과제를 제시하게 되는데 고객은 제시된 과제를 검토하여 OJT 컨설팅 또는 생산성 향상 인력양성과 같은 후속 지원 프로그램 참여를 선택할 수 있다. 물론 업종 및 매출 규모에 따른 지원금을 받아 활용할 수 있다.

4) 사후 심사와 갱신 심사

PMS 사후 심사는 1년 후 다시 심사하여 과제 수행 성과를 포함한 변화된 상태를 점검하는 심사이다. PMS 심사 후 3년 차에는 갱신 심사가 실시되어 심사 결과에 따라 새로운 등급이 부여된다.

○ PMS 심사 기준

1) PMS 심사 기준

생산성경영체제(PMS) 심사 기준은 첫째, '탁월한 생산성 혁신 성과 목표'를 달성하기 위하여 10개의 핵심가치를 토대로 심사 기준을 설계하고, 둘째, 심사 기준의 기본 항목별로 역량 성숙도 모델(Capability Maturity Model)에 입각하여 평가하여 경영혁신시스템의 현 수준을 평가한 후 과제를 제시하여, 셋째, 역량 성숙도 단계(생산성 향상 로드맵)에 따라 생산성 혁신 향상을 추진함으로써 성과 목표를 달성할 수 있도록 하고 있다.

2) PMS 10대 핵심가치

생산성경영체제(PMS)는 10개의 핵심가치를 토대로 만들어졌다. 10가지 핵심가치는 '불확실한 경영환경에서 높은 성과를 창출하는 조직(High Performing Organization)'에서 발견되는 '신념과 전략행동'을 탐색하여 설정했다. 이것은 '단기적인 이익뿐만 아니라 장기적으로도 생존하고 성장할 수 있는 조직'이 될 수 있도록 구조화된 조직체계(Organization Framework) 내에서 사업의 주요 요구를 통합할 수 있는 기반을 제공한다.

따라서 최고 경영진은 불확실한 환경에 대응하면서 고객과 시장의 요구를 충족시키고, 탁월한 성과 목표를 달성하기 위해서는 다음의 10가지 경영원칙을 준수하여 조직을 운영해야 한다.

① 비전과 영감의 리더십
② 사회적 책임과 투명성
③ 지속적인 혁신을 통한 변화 대응력
④ 고객/시장 중심의 탁월성
⑤ 사실과 결과 중시
⑥ 환경의 불확실성 및 위험 관리
⑦ 종업원 및 파트너 존중
⑧ 조직역량 및 운영의 민첩성 고려
⑨ 성과 중시와 가치 창조
⑩ 경영시스템 관점

3) PMS 추진 단계

PMS 추진 단계는 1단계 최초 심사(기업진단), 2단계 혁신목표 및 과제 도출, 3단계 OJT 컨설팅/전문가 양성교육, 4단계 사후 심사(1년 단위)/갱신 심사(3년 단위)로 이루어진다.

(1) 1단계 최초 심사(기업 진단)

기업의 현재 경영시스템 수준을 7개 범주별로 진단하고 역량 성숙도 모델(Capability Maturity Model)을 통해 평정하여 PMS 등급을 부여한다.

생산성경영체제 7개 범주 및 주요 진단 내용

NO	생산성경영체제 세분야	주요 진단 내용
범주1	리더십	경영리더십, 윤리경영, 혁신 성장, 전략 기획, 전략 전개
범주2	혁신	혁신 로드맵, 혁신과제, 액션플랜, 변화 관리
범주3	고객	고객시장 세분화, 고객시장 전략, 고객만족, 고객지원
범주4	측정, 분석 및 지식 관리	조직 및 시장 데이터 측정, 핵심 성과지표 체계, 지식 관리
범주5	인적자원	인적자원 계획, 필요역량 관리, 채용 및 배치, 성과 관리, 경력 개발 관리
범주6	프로세스	개발 역량, 개발프로세스, 개발지표 및 성과, 원가 관리, 프로세스 개선, 공급망 관리, 품질 관리
범주7	경영성과	생산성성과, 재무성과, 고객성과, 프로세스성과

(2) 2단계 혁신목표 및 과제 도출

기업의 PMS 등급(경영시스템 수준)을 감안하여 생산성 향상/혁신목표를 설정하고 과제를 도출한다. 도출된 혁신과제를 체계적으로 이행할 수 있는 중기 액션플랜을 수립한다. 이때 액션플랜은 기업의 여건을 감안하여 수립하여야 한다.

(3) 3-1단계 맞춤형 OJT 컨설팅

생산성경영체제(PMS) 인증제도의 OJT(On-the-job Training) 컨설팅이란 기업의 경쟁력, 생산성 향상을 위해 기업의 구성원이 지도위원의 OJT를 통해 관련 사항을 진행하고 관리하는 역량 향상에 중점을 두고 있으므로 일반적인 경영 컨설팅과는 다른 개념으로 진행이 된다.

(4) 3-2단계 사내전문가 양성교육

기업의 구성원이 관리혁신, 현장혁신, 경영시스템 등 3개 테마에 대한 전문가로 활동할 수 있도록 관련교육 프로그램을 통해 혁신 인력/생산성 향상 추진 인력으로 양성한다.

(5) 4단계 성과 측정(사후 심사/갱신 심사)

지속적인 생산성경영시스템 수준 향상을 위하여 사후 심사(1년 단위) 및 갱신 심사(3년 단위)를 통해 혁신 활동 성과를 측정하고 PMS 등급을 재판정한다.

○ PMS 평점 구조 및 등급 평정 방법

1) PMS 평점 구조

생산성경영체제(PMS)는 '7개의 심사 범주 → 19개의 기본 항목 → 80개의 세부 항목'으로 구성되어 있다. 전체 1,000점 만점으로 구성되었으며 범주별 평가 항목의 평점은 생산성경영 혁신성과가 탁월할 것으로 판단되는 분야에 가중치를 두었다.

범주별 기본 항목의 평점 구조

평 가 영 역		평점
1. 리더십 (150점)	1.1 경영 비전 1.2 전략	70 80
2. 혁신 (110점)	2.1 혁신 기획 2.2 혁신 전개	50 60
3. 고객 (120점)	3.1 고객 청취 3.2 고객 참여	60 60
4. 측정, 분석 및 지식관리 (130점)	4.1 성과의 측정, 분석 및 개선 4.2 정보 및 지식관리	60 70
5. 인적자원 (130점)	5.1 업무 환경 5.2 업무 몰입	60 70
6. 프로세스 (160점)	6.1 개발 6.2 운영 6.3 파트너 6.4 품질	50 50 30 30
7. 경영성과 (200점)	7.1 생산성 성과 7.2 재무 성과 7.3 고객 성과 7.4 프로세스 성과 7.5 인적자원 성과	40 40 40 40 40
합 계		1,000

2) 범주별 평가지표 해설

(1) 리더십

경영진의 리더십은 고객과 시장의 관점에서 조직의 성공 기회를 탐색하여 비전과 전략목표에 반영함으로써 경영의 방향성과 일관성을 확보하고, 모든 조직구성원이 변화하고 생산성 향상에 몰입할 수 있는 환경을 조성해야 한다. 또한 경영진은 계획된 성과목표를 주기적으로 평가하여 개선과 생산성 향상의 기회로 전환시켜야 한다. 경영진이 리더십시스템을 통하여 '비전을 구성하는 장·단기 방침 → 비전실현을 위한 전략목표와 실행 계획 수립 → 전략목표의 달성도 평가'를 어떻게 하고 있는가에 대해 심사한다.

(2) 혁신

혁신은 새로운 것을 도입하거나 혹은 기존과는 전혀 다른 것을 도입하여 탁월한 성과를 내고자 하는 활동이며, 보다 높은 혁신목표를 달성하기 위하여 조직 간 벽을 뛰어넘어 생산성 향상을 추진할 수 있는 조직체계를 구축하고, 지원하며, 보상하고 있는가를 심사한다. 혁신의 흐름은 조직의 혁신목표를 어떤 방식으로 전개하여 혁신과제를 도출하고, 실행 계획을 수립하는가를 확인하며, 전 조직 구성원이 혁신에 동참하고, 혁신의 성과가 조직에 내재화되도록 어떻게 변화 관리하고 있는가를 심사한다. 또한 혁신성과 실현에 대하여 보상을 심사한다.

(3) 고객

조직의 가치 창출은 고객으로부터 출발한다. 적절한 제품을 지속적으로 보장하고 새로운 기회를 탐색하기 위하여 고객과 시장의 요구사항, 기대, 선호도를 어떻게 이해하고, 결정하는가를 심사한다. 또한 새로운 고객을 확보하고, 만족시키며, 유지함은 물론 고객의 충성도를 증대시키고, 새로운 기회를 발굴하기 위하여 고객과의 관계를 어떻게 구축하고 있는가를 심사한다. 또한 만족도를 어떻게 결정하는가를 심사한다.

(4) 측정, 분석 및 지식 관리

　측정, 분석 및 지식 관리 범주는 기업의 전략목표와 실행 계획에 대한 성과 관리를 지원하기 위한 자료와 정보, 지식자산이 어떻게 선정되고, 수집·분석, 활용되고 있는가를 심사한다. 또한 의사결정 지원 및 실행 계획, 성과 향상을 위한 자료와 정보, 지식을 수집, 저장, 조회, 분석, 배포할 수 있는 정보 관리시스템이 적절하게 구축되어 있는가를 심사한다.

(5) 인적자원

　조직 역량 향상을 위해 업무시스템과 성과 관리체계를 어떻게 설계·운영하고, 조직구성원의 학습과 동기부여, 조직구성원의 건강과 안전을 위해 어떻게 하고 있는가를 심사한다. 따라서 조직은 생산성목표와 실행 계획을 완수하는 데 모든 조직구성원의 잠재력이 충분히 개발되고, 발휘될 수 있도록 '고성과 업무시스템'을 설계하고, 학습을 독려하며, 동기부여 될 수 있도록 관리되어야 한다. 조직 역량 향상을 위해 업무시스템과 성과 관리체계를 어떻게 설계·운영하고, 조직구성원의 학습과 동기부여, 건강과 안전을 위해 어떻게 하고 있는가를 심사한다.

(6) 프로세스

　프로세스는 조직의 목표를 달성하기 위한 모든 업무 프로세스가 어떻게 설계, 실행 및 관리되며 개선되고 있는가를 심사한다. 새로운 제품을 개발하는 데 결정적으로 중요한 것은 '사업 비전 및 전략 → 제품 콘셉트 → 기술 전략'으로 이루어지는 3가지 비전이 연속적인 흐름으로 이어질 수 있도록 일관성을 갖추고 있는지를 확인하는 것이다.

신속하고 유연한 프로세스는 제품설계에서부터 원자재와 부품의 구매 조달, 효율적인 생산, 물류 관리, 고객에 대한 수·배송 등의 모든 과정에 적용된다. 개발은 복잡하고 급격하게 변화하는 환경에 적응해야 생존을 확보할 수 있다. 조직은 변화하는 환경에 부응하여 새로운 제품, 새로운 기술을 지속적으로 개발하는 활동을 심사한다.

운영은 고객/시장에 제공해야 할 가치를 실질적으로 생산하고 제공하는 프로세스를 어떤 방식으로 실행하고, 개선하는가를 심사한다. 그리고 공급사와 파트너와의 관계를 어떻게 관리하고 있는가를 심사한다.

파트너는 제조 전략에 따라 구매 조달 프로세스는 어떻게 관리, 개선되며, 총 구매 비용을 최소화하기 위하여 어떻게 하고 있는가를 심사한다. 또한 품질은 고객/시장이 요구하는 품질을 어떤 방식으로 확보하고, 개선하는가를 심사한다.

(7) 경영성과

경영성과에서는 조직이 채용한 모든 프로세스와 프로그램이 조직의 성과를 개선하는 데 실질적인 영향을 미쳤는가에 대한 증거를 심사한다. 평범한 조직보다 탁월한 성과를 내고 있다는 점을 부각하는 것이 중요하며, 성과의 수준과 추세가 비교기업이나 경쟁기업보다는 높다는 것을 제시해야 한다. 따라서 경영성과는 부가가치를 바탕으로 조직의 생존과 번영, 고객만족, 운영의 효율성, 미래를 위한 학습과 혁신지표 등 장기-단기에서, 현재-미래에서 균형 있게 성과가 나타나야 한다.

조직의 성과를 요약하여 제시하되 제품과 서비스의 유형, 고객그룹, 목표시장별로 세분화하여 그 결과를 제시한다. 가능하다면 적절한 비교자료를 포함하여 기술해야 한다. 경영성과의 지표는 기본적으로 3개년의 추이와 산업평균의 수준을 토대로 하여 추세와 수준을 심사한다.

3) PMS 등급 평정 방법

생산성경영체제(PMS)의 등급 평정은 경영시스템의 역량 성숙도를 기본 모델로 한다. 역량 성숙도는 경영시스템을 구성하는 핵심 프로세스의 역량을 평가하기 위한 일련의 잣대이다. 성숙도 단계는 5단계로 구성되어 있으며, 경영시스템의 개선이나 성과 향상 노력을 어디에서부터 어떤 수준을 목표로 추진할 것인가에 대한 로드맵을 제시하고 있다. 조직은 탁월한 성과목표를 달성하는 데 필요한 경영시스템의 역량 갭(Gap)을 분명하게 인식할 수 있으며, 이를 토대로 어디에 우선순위를 두고 개선이나 경영 혁신 역량 향상을 해야 하는가에 대한 지침을 제공받을 수 있다.

역량 성숙도 모델에 근거한 평정 방법

Approach(접근방식) \ Deployment(적용/실행/확산)	Relevance 요구사항에 대한 관련성	Complete coverage 완벽한 적용범위	Consistency 접근방식의 일관된 활용	Spread(Across) 모든 작업단위에 대한 폭넓은 확산	Multiple(Depth) 다차원 적인 길이 있는 확산
Appropriateness 요구사항에 대한 접근방식의 적합성	Lv1 (5~10%)	Lv2 (15~20%)	Lv3 (25~30%)	Lv4 (35~40%)	Lv5 (45~50%)
Effectiveness 접근방식 사용의 효과성	Lv2 (15~20%)	Lv3 (25~30%)	Lv4 (35~40%)	Lv5 (45~50%)	Lv6 (55~60%)
Systematic 체계적인 접근방식의 사용	Lv3 (25~30%)	Lv4 (35~40%)	Lv5 (45~50%)	Lv6 (55~60%)	Lv7 (65~70%)
Innovation 혁신적인 접근방식의 사용	Lv4 (35~40%)	Lv5 (45~50%)	Lv6 (55~60%)	Lv7 (65~70%)	Lv8 (75~80%)
Optimization 최적화된 접근방식의 사용	Lv5 (45~50%)	Lv6 (55~60%)	Lv7 (65~70%)	Lv8 (75~80%)	Lv9~Lv10 (85~100%)

점수별 등급 평정 기준

역량 성숙도 기준	등급 점수	생산성경영체제 등급
Stage. 5 Visionary system	901~1,000	Level. 10
	801~900	Level. 9
Stage. 4 Agile system	701~800	Level. 8
	601~700	Level. 7
Stage. 3 Disciplinary system	501~600	Level. 6
	401~500	Level. 5
Stage. 2 Repeatable system	301~400	Level. 4
	201~300	Level. 3
Stage. 1 Informal system	101~200	Level. 2
	0~100	Level. 1

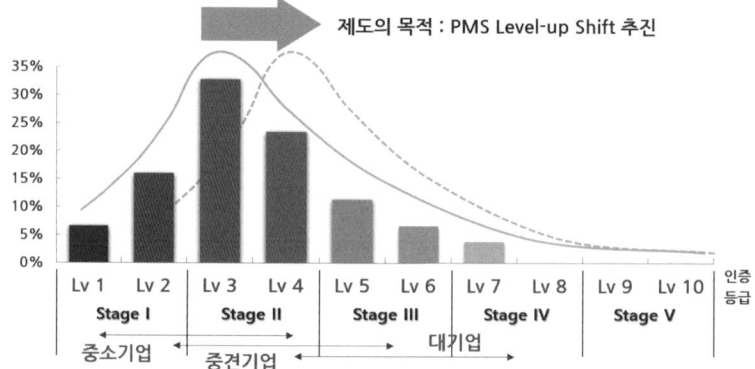

출처: 한국생산성본부 심사원 교육자료, 2022.4.30.

◯ PMS 인증제도 활용하기

지금까지 생산성경영체제(PMS) 인증제도와 함께 산업통상자원부 지원사업인 2022년도 생산성경영체제 보급·확산을 위한 기업진단 및 컨설팅 지원사업에 대하여 알아보았다.

동 사업의 목적은 「산업발전법」 제27조 제1항 제7호에 따라 생산성 경영체제 경영 모델을 산업계에 보급하여 기업이 경영체제 고도화를 통해 생산성을 높이고, 지속 가능한 경영성과를 창출할 수 있도록 체계적인 경영 역량 향상을 지원하기 위함이다.

생산성경영체제(PMS) 인증은 ISO 인증과 비교해 보았을 때 확연한 차이가 있다. PMS 인증은 특정분야에 대한 적합 여부만을 따지는 게 아니라 경영 전반의 7개 범주를 대상으로 하고, OJT 컨설팅 등을 통해 생산성 향상을 위한 과제 수행을 지원한다. 따라서 인력 부족 등으로 경영 애로를 느끼고 있는 중소기업이 적극 활용함으로써 생산성 향상과 지속 성장의 기틀을 다질 수 있다.

창업 후 3년이 경과한 중소기업이 생산성경영체제(PMS) 인증 3등급 이상을 받으면 경영혁신형 중소기업(Main-Biz) 확인서를 자동으로 발급받을 수 있어 일석이조의 효과가 있다.

생산성경영체제(PMS) 인증 심사 소요 비용에 대한 지원금 혜택도 있다. 매출액이 업종별 소기업 기준 이하이면 최대 50% 지원이 된다. 다른 중소기업 지원사업 지원금이 대부분 70~90% 수준인 점을 감안하면 다소 아쉬운 감이 있다.

생산성경영체제(PMS) 인증 심사원은 한국생산성본부에서 자격 기준에 맞는 교육생을 선발하여 양성하고 있는데, 양성과정을 수료하고 현장 관찰평가를 통과하면 심사원보가 될 수 있다. 한국생산성본부에서 실시한 마지막 양성과정 모집은 2020년 11월에 있었다.

PMS 인증을 받는 경우 인증 심사 소요 비용 지원뿐만 아니라 보증료 할인이나 각종 기술개발 지원사업 가점 부여 등 부수적인 혜택도 많이 있다. 특히 방위 산업 기업의 경우 PMS 4등급 이상을 받는 경우 추가 마진율을 최대 1.0%까지 보상해 주고 있어 생산성경영체제 도입 동기 유발 효과가 매우 큰 것으로 보인다.

참고문헌

· 중소벤처기업부, 「2022년도 중소벤처기업 지원사업」, 2022.
· 경영혁신형 중소기업 인증시스템 홈페이지, https://www.mainbiz.go.kr
· 산업통상자원부 홈페이지, http://www.motie.go.kr
· 한국생산성본부 홈페이지, https://www.kpc.or.kr

저자소개

황낙진 HWANG NAK JIN

학력
· 호서대학교 벤처대학원 경영학박사
· 성균관대학교 경영대학원(IMBA) 경영학석사

주요 경력
· (현) SME파트너스 대표
· (현) 대한민국산업현장교수(HRD)
· (현) 경기도경제과학진흥원 컨설턴트
· (현) 경기테크노파크 전문위원
· (현) 소상공인시장진흥공단 컨설턴트
· (현) 한국경영인증원 가족친화인증 심사원
· (현) 한국생산성본부 PMS 인증 심사원
· (현) 한국생산성본부 ESG 전문위원
· (현) (사)한국벤처창업학회 이사
· (현) (사)경기청년기업협회 고문
· (전) 여주대학교 교수(시간강사)

- (전) ㈜시뮬레이션테크 CRO/감사
- (전) KB캐피탈 부장
- (전) 우리은행 지점장

자격사항
- 경영지도사, 중소벤처기업부
- 중소기업 ESG 전문가, 한국경영기술지도사회
- 협동조합 코디네이터, 쿱비즈협동조합
- 인공지능산업컨설턴트, (사)한국인공지능협회
- M&A컨설턴트, (사)한국M&A컨설팅협회
- 기술신용평가사(3급), 기술보증기금
- 창업보육전문매니저, (사)한국창업보육협회
- 유통관리사(2급), 대한상공회의소
- 중소기업금융상담사, 한국금융연수원
- 재경관리사, 삼일회계법인
- 회생기업경영관리사, 한국생산성본부
- 기업회생전문가, 한국생산성본부

저서
- 『신중년 도전과 열정 2021』, 김영기 외, 브레인플랫폼, 2021.
- 『국내 증권형 크라우드펀딩 투자자의 참여의도와 무리행동에 관한 연구』, 벤처창업연구, 15(2), 2020.4.

수상내역
- 경기지방중소벤처기업청장 표창장, 2020.
- 중소기업중앙회장 표창장, 2019.

· 전국은행연합회장 표창장, 1996.
· 우리은행장 표창장, 상장 다수

기업의 생애주기별 자금 조달

오종철

◯ 예비창업 또는 창업초기 단계

사람에게 생애주기가 있듯이 기업도 창업부터 청산에 이르기까지 생애주기를 거친다. 그러면 기업 생애주기별로 기업이 직면하는 애로사항과 이를 극복할 수 있도록 정부에서 지원하고 있는 다양한 정책자금에 대하여 알아보도록 하겠다.

1) 소상공인 진흥공단 정책자금

현재 소상공인 진흥공단에서 취급하고 있는 소상공인 정책자금은 여러 가지가 있지만 주요 자금으로 소공화 특화자금, 성장촉진자금, (긴급)경영안정자금, 사회적경제기업 전용자금, 혁신형 소상공인자금 등이 있다.

(1) 소상공인 진흥공단 정책자금 신청 절차

소진공의 정책자금 신청은 4~5단계로 구성되며 2021년부터 비대면 온라인 접수가 일반적이다.

① 소상공인 진흥공단 사업자 회원가입 후 신청서 작성하기
정책자금 신청 가능 여부를 확인하고 신청서를 작성합니다. 발급 신청 및 승인 후 문자로 연락이 오니 연락처를 명시합니다. 상시 근로자 수, 연간매출액, 희망 금액, 담보 종류 및 취급 은행 등을 작성하여야 합니다. 작성 후 정보동의서에 동의합니다.

② 서류 제출(정책자금 신청 관련 서류)
소상공인 정책자금 신청 시 필요한 제출서류를 확인해 보겠습니다. 소상공인 대출 접수 이전에 정책자금 징구서류를 온라인으로 제출할 수 있습니다.

온라인 제출 가능서류는 사업자등록증명, 표준재무제표증명, 부가가치세 과세표준증명, 면세사업자수입금액증명, 부가가치세 신고내역, 종합소득세신고내역, 보험자격득실확인서, 국민연금 납부확인서, (국세)납세증명서, 지방세납세증명서, 주민등록등본 등본·초본, 법인등기부등본, 주주명부, 법인세신고내역, 수출실적증명원(한국무역통계진흥원), 4대 보험 납부내역 및 대출 신청서가 있습니다.

③ 소상공인정책자금 융자신청서(온라인 접수 화면에 입력)
개인(신용)·기업정보 수집·이용·제공·활용 동의서(온라인 접수 화면에 입력)

④ 신청 결과 확인

⑤ 확인서 출력 및 대출 신청

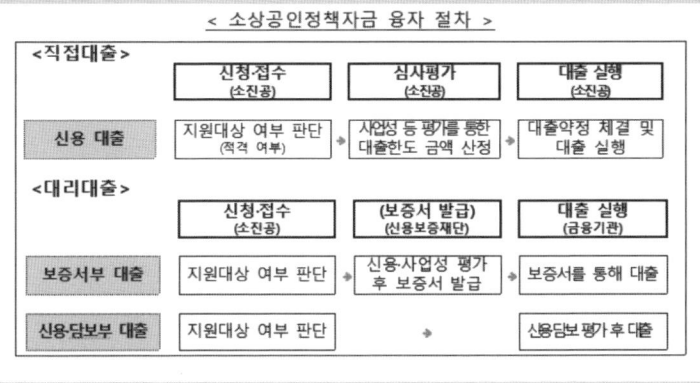

"소상공인 정책자금 지원대상 확인서상의 희망 금액은 보증기관 및 대출 은행의 보증 및 대출 심사에 따라 거절 또는 감액될 수 있습니다". 예를 들어 희망 대출 금액을 5천만 원을 신청해도 은행에서 심사 결과 2천만 원이나 아니면 신용보증서가 3천만 원으로 발급됐다면 신용보증서 발급 금액 그리고 은행에서 심사한 대출 금액을 한도로 대출을 받게 됩니다. 따라서 최대 지원 금액은 이름 그대로 최대 가능 금액으로 이해하시면 될 것 같습니다.

(2) 2022년 중소벤처기업부 소관 소상공인 정책자금 융자 계획

☐ **융자대상**
- 「소상공인기본법」 제2조 및 같은 법 시행령 제3조의 소상공인

☐ **융자한도**
- 개별 기업당 융자한도는 중소벤처기업부 소관 소상공인 정책자금의 융자 잔액 기준으로 7천만 원(일부 자금은 별도 규정)까지 지원

☐ **대출금리**
- 정책자금 기준금리(분기별 변동금리)에 사업별 가산금리를 적용하며, 일부자금의 경우 고정금리를 적용
* 기존 대출기업도 정책자금 기준금리 변동에 따라 대출금리가
(2022년 1분기 정책자금 기준금리: 2.32%)

☐ **융자 신청·접수**
- 소상공인정책자금 사이트(https://ols.sbiz.or.kr)에서 온라인 접수

⦾ 창업 초·중기 단계: 창업 7년 이하 또는 매출 50억 이하

창업 2단계에 들어서면 성장 단계에 들어간다. 창업 3~7년 이내 기업으로 매출 부진과 자금 부족으로 사업화에 실패하는 이른바 '죽음의 계곡'(데스밸리)에 직면하게 된다. 이러한 죽음의 계곡을 극복하기 위해서는 적절한 자금 조달이 필수적이다.

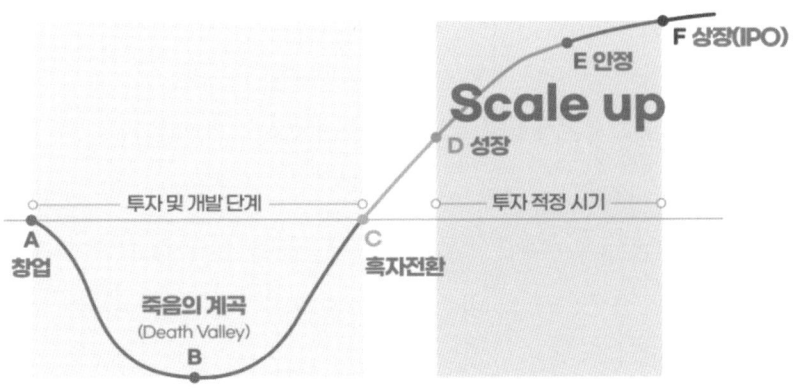

스타트업의 성장곡선에서 움푹 파인 구간을 '죽음의 계곡(Death Valley)'라 함, 출처:클래스101, 인터비즈 재가공

이 시기에 중소기업의 가장 중요한 애로사항이라고 할 수 있는 중소기업 자금 조달 방법에는 여러 가지 방법이 있지만 가장 대표적인 신용보증재단, 신용보증기금 자금 융자에 대하여 알아보도록 하겠다.

1) 신용보증재단과 신용보증기금

　신용보증기금은 담보력이 미약한 기업의 채무를 보증해 줌으로써 기업의 자금융통을 원활하게 하고 건전한 시장 질서를 확립해 균형 있는 국민경제의 발전에 기여함을 목적으로 설립된 특수법인이다. 보증 대상 기업은 개인기업, 법인기업, 기업 단체로 소상공인을 포함 포괄적으로 기업보증을 취급 한다. 대기업은 제한하고 상장기업은 특정자금에 한하여 제한적으로 허용한다.

　신용보증재단은 담보력이 부족한 지역 내 소기업, 소상공인 등과 개인의 채무를 보증함으로써 자금융통을 원활하게 하고 아울러 지역경제 활성화와 서민의 복리증진에 이바지함을 목적으로 각 지역별로 독립적으로 수립하여 17개의 신용보증재단이 독자적으로 운영하고 있다. 신용보증기금이나 신용보증재단 상품은 업종별 제한 없이 보증 취급이 가능하다(다만 도박, 사행성 게임 사치, 향락, 부동산 투기 등을 조장할 우려가 있는 업종에 대해서는 보증 지원이 제한될 수 있다). 또한 보증재단 신용상태가 악화되어 기업의 계속적인 유지가 어려울 것으로 판단되는 기업에 대해서는 보증 지급이 제한될 수 있다. 신보에 손실을 끼친 기업과 그 채무관계자에 대해서는 보증 취급이 금지될 수 있다.

　신용보증기금에서는 기업의 성장 단계에 따른 지원 프로그램을 운영 중에 있다. 창업 단계에서는 창업 후 7년 이내 기업에 대한 맞춤형 프로그램 지원 성장 단계에서는 수출 중소기업 고용 창출기업 등의 성장동력

확충을 위한 보증 지원, 성숙 재도약 단계에서는 성장 가능성이 높은 기업과 실패한 기업주 및 경영애로기업에 대한 보증 지원 등을 하고 있다.

신용보증재단 상품의 보증 대상은 본사나 주사업장이 해당 지역 신용보증재단 관할 지역에 소재하고 사업자등록증을 등록한 소기업, 소상공인에 해당한다.

서울신용보증재단에서는 서울시 4무 안심보증 등을 실시하고 있다. 서울시 4무 안심 금융은 코로나 19로 어려움을 겪고 있는 소상공인 분들을 위하여 서울시와 재단이 준비한 특별 금융 지원 프로그램이다.

2) 신용보증기금 보증 신청과 절차

신용보증기금 신용보증 신청은 신용보증기금 홈페이지에서 진행할 수 있다.

신용보증 신청과 정보 동의
신용보증기금에서 보증서를 발급받으려면 다음과 같은 절차로 진행된다.

첫째, 신청기업이 대출 등을 사용하는 금융기관에 신보 추천을 의뢰하는 경우
둘째, 기업이 신용보증기금에 전화를 통한 상담예약

셋째, 신용보증 홈페이지 '신용보증 플랫폼'을 통한 온라인 신청 등 다양한 방법이 있으며 기업이 가장 유리한 방법으로 선택하면 된다.

* 보증 금액이 1억 원 이하 신청 개인기업은 사업자등록 개시일부터 보증 신청일까지 기간이 1년 이상 경과되었고 신용보증기금과 기술보증기금의 보증 잔액이 없는 기업은 영업점 방문 없이 Easy-One 보증을 신청할 수 있다. Easy-One 보증 대상이 아닌 경우 '보증 신청 및 전자약정'을 선택해 보증 상담을 신청하면 된다.

고객팀장 상담

보증 상담 신청 후 신용보증기금 직원으로부터 연락을 받게 되고 예약된 날짜와 시간을 확보한 후 신보 영업점에서 고객팀장과 상담을 진행하게 된다.

고객팀장은 보증 상담 후 고객에게 신용조사 및 심사에 필요한 서류를 안내하며 기업은 해당 서류를 온라인 또는 우편을 통해 제출할 수 있다. 신용보증기금에 사업자로 로그인하여 보증 신청을 하면 다음과 같이 진행 화면을 조회할 수 있다.

● 일반 보증 상태 안내

- **01 신청**: 홈페이지에서 보증신청 상태
- **02 담당자 배정완료**: 상담 담당자 배정된 상태
- **03 신청철회**: 보증신청 철회 상태
- **04 접수/반송**: 영업점에서 상담·접수한 상태 / 반송된 상태
- **05 승인/불승인**: 영업점 심사 승인완료 / 불승인 상태
- **06 전자약정중**: 전자약정 진행 가능 상태
- **07 전자약정완료**: 전자약정 완료한 상태
- **08 발급**: 보증서 발급 완료 상태

신용보증기금 제출 서류

사업자등록증명, 국세납세증명서, 납세사실증명, 부가가치세 과세 표준증명 등 신용보증기금 홈페이지를 방문해서 국세청에서 발급하는 자료를 온라인으로 제출해야 한다. 신용보증기금 홈페이지 접속하고 로그인하여 '온라인서비스 〉 사이버영업점 〉 신용보증 서류 안내 〉 국세청 발급 자료 제출'에서 진행할 수 있다.

회사에서 작성하는 주주명부 또는 세무조정계산서상에 있는 주식이동상황명세서 사본에 법인 인감을 날인 후 팩스로 송부한다. 사업장과 거주주택 임대차계약서 사본을 팩스로 직원에게 송부하면 된다.

기업개요표는 신용보증 홈페이지에 방문해서 로그인 화면 중간에 '바로 가기' 서비스를 보면 각종 서식 자료가 있어 다운받아서 작성하고 팩스로 송부하면 된다.

신용보증기금 보증 심사

신용보증기금 보증 심사는 신용보증기금 담당자가 직접 사업장을 방문하여 기업의 신용 상태를 파악하는 과정으로 신용보증기금 직원이 사업장 방문하기 전에 사전에 연락을 하며 신용보증기금 직원이 사업장을 방문하면 사전에 제출할 서류를 현장에서 추가로 준비하여 보여 준다(수주계약서 또는 도급계약서, 관계기업이 있는 경우에는 해당 기업의 최근 재무제표가 주주명부 등). 담당자가 신용조사를 마치면 신용보증기금에서 내부적으로 보증 심사를 하여 보증 지원 여부를 결정한다.

보증서 발급 신용보증 결정이 되면 신용보증 약정을 체결하고 고객이 보증료를 납부하면 신보에서 신용보증서를 금융기관으로 전송한다. 신용보증서가 은행으로 전송되면 고객은 은행과 여신 약정을 별도로 진행한다. 신용보증서를 발급받아 최종적으로 은행을 방문하여 대출 서류를 작성하고 대출을 지급하는데 이때 은행 지점마다 기업 신용평가 및 여신 심사 시 요구되는 서류는 조금씩 다르기 때문에 자세한 사항은 대출받은 은행지점에 문의하면 된다. 다음은 신용보증기금 및 보증재단에서 보증을 잘 받는 방법에 대하여 언급해 보겠다.

3) 보증 진행 시 유의사항

첫째, 전문가와 상담 후 진행하기를 바란다. 대부분 아무 준비 없이 보증기관을 방문하거나 제삼자에게 무작정 의뢰를 하는 경향이 있는데 사전 준비 없이 진행할 경우 부결될 확률이 매우 높다. 기업과 많은 상담을 한 경험에 비추어 보면 상담기업의 60~70% 정도가 제대로 된 준비나 사전 지식 없이 기관과 보증을 진행하다 부결된 사례가 매우 많다는 것이다. 그런데 부결이 되면서도 정확한 부결사유를 알지 못하는 경우가 상대적으로 많다. 기업의 대표자는 본인의 기업이 보증을 진행하는 데 아무 문제가 되지 않는다고 대부분 생각하지만 실제적으로 보증이 진행되는 경우는 채 20%도 되지 않는 사실을 알아야 한다. 여타 기업과의 경쟁도 해야 하며 비교우위도 있어야 하므로 가산점을 위한 사전 준비도 필요하다. 이러한 사전 준비를 전문가와 함께한다면 시행착오 없이 진행을 할 수 있다.

물론 전문가의 컨설팅을 받기 위해 비용을 감수해야 한다. 이때 자금 브로커와 잘 구분해서 컨설팅을 진행해야 한다. 보증에 대한 지나친 수수료 요구 및 보험가입 등 부당한 요구를 하면 보증 브로커를 의심해 봐야 한다. 막연한 약속보다는 보증기관에 대하여 잘 알고 전문지식을 가지고 있는 컨설턴트와 상담을 진행하길 바란다. 이러한 중소기업에 대한 경영애로 상담을 위해 중소벤처기업부에서 중소기업 비즈니스 지원단(https://www.smes.go.kr/)을 운영하고 있고, 정책자금 외에도 다양한 경영애로사항에 대하여도 상담을 진행하고 있다.

둘째, 재무제표를 잘 관리해야 한다. 재무제표라는 것은 그 기업의 성적표 같은 것이다. 그런데 참 안타까운 일은 대부분의 중소기업 대표들은 재무제표를 그냥 기장하는 세무사나 회계 사무소에 일임하고 있는 실정이다.

물론 기업이 매출이 크고 실적이 좋다면 아무 문제가 되지 않을 상황이지만 솔직히 창업기업들은 실제적으로 매출이 클 수도 없고 또 재무제표상 이익이 날 수 없는 구조다 보니 세무사나 회계사무실은 기장료만 받고 성의 없이 재무제표를 작성하는 일이 많다. 재무제표가 그야말로 기업의 성적표라면 성적이 나쁜 학생을 어떤 기관이 자금을 융통해 둘까? 물론 3년 차까지는 재무제표를 잘 안 본다고 하지만 사실이 아니다. 기업의 성적표인 재무상태표와 손익계산서는 반드시 검토한다고 생각하기 바란다.

기관에서 정책자금을 부결할 때 다른 이유 찾기는 어렵다. 객관적으로 이유를 찾고자 할 때 재무제표의 특이사항은 눈에 빤히 보이는 결격 사유이다. 자본금이 잠식되었다든지 아니면 매출채권이 너무 많다든지 아니면 부채가 많다든지 이런 것들은 심사하기 곤란할 때 아주 좋은 핑계거리이다. 그러니까 최소한 이런 핑계거리는 만들지 말라는 것이다. 대부분이 재무제표를 확인할 때 세금 부분에 치중하고 있기 때문이다. 물론 세금을 많이 내면 좋지 않겠지만 기관에게 심사받을 경우를 항상 대비하여 전문가에게 재무 부분을 점검받길 바란다.

크게 세금 문제가 발생하지 않는다면 재무제표는 성실하게 꾸며 놓는 게 좋다. 물론 가상적으로 만드는 건 한계가 있지만 그래도 최소한 문제가 되지 않을 만큼은 재무 진단과 함께 점검을 꼭 한번 받아 보도록 하자.

셋째, 대표자가 직접 방문하여 상담을 진행하기 바란다. 신용보증기금 영업점을 방문해 상담을 진행할 때는 대표자 본인이 직접 방문하여 기업 현황, 사업 계획 등을 간단하게 설명하는 것이 좋다. 그리고 영업점 방문 시 법인등기부등본, 사업자등록증 사본, 주주명부, 재무제표 등 안내 서류를 빠짐없이 준비하고 약속 시간에 늦지 않게 방문해야 한다. 회사 소개서나 상품안내서 등이 있으면 지참하고 가는 것이 좋다. 이게 왜 중요하냐 하면 신용보증기금 직원들도 직장인이기 때문이다. 업무를 빨리 처리하고 싶고 자금여력도 한도가 있기에 서류 제출이나 보증기관에서 요청하는 사항은 즉시 이행해 주는 것이 좋다.

넷째, 기업과 대표의 신용이 중요하다. 신용보증기금은 국가의 출연금으로 재원을 조성하는 공공기관으로 법인세, 부가가치세 이외에도 국민연금공단 등 4대 보험에 체납이 없어야 한다. 또한 대표의 개인 신용등급 또한 관리해야 한다. 카드대출이나 소액대출이 많거나 대출금연체 등이 빈번하면 심사에 매우 부정적 영향을 준다. 신용보증기금을 이용할 예정이라면 최소 6개월 정도부터 개인 신용을 관리할 필요가 있다.

다섯째, 신용보증기금은 중소기업의 성장을 지원하기 위한 것이므로 부담을 갖고 방문할 필요는 없다. 편한 마음으로 준비한 자료 제출하고 아는 범위 내에서 신용보증기금 직원과 상담을 하면 된다. 요즘 공공기관들은 예전과 다르게 투명하고 친절하니 너무 걱정 말고 기업의 문제점이 있어도 허심탄회하게 상담을 진행하는 것을 권장한다.

마지막으로 상담진행 후 부결 시 부결사유는 명확히 알아야 한다. 자본금 문제인지, 대표자 문제인지 치유 가능한 하자인지를 정확히 알아야 추후 재정비하여 다시 신청할 수 있다. 대표자 개인 문제 등 치유 불가능한 문제는 추후에도 재진행하기 어렵다고 보면 된다.

신용보증 상담 후에 담당자가 결정되면 담당자가 소위 실사라고 하는 실 사업장을 방문하여 실제 사업여부를 확인하게 된다. 이때 요청받은 서류를 사전에 준비해 주시면 된다. 신용조사 시 기업에서는 신용보증 담당자가 사전 서류 검토를 통해 궁금했던 사항을 질문하면 답변하고 기업에 대한 이해를 돕기 위해 사업장을 보여 주기만 하면 된다. 이때 사업장에 분위기가 긍정적이고 조업이 활발히 이루어지고 있다면 신용평가에 도움이 된다. 기업의 장점이라고 여기면 꼭 어필하길 바란다. 특허나 인증받은 것이 있으면 알려 주고 수출 실적이 있거나 아직 수출 실적이 없지만 해외로부터 견적을 받은 경우 있으면 말해 주면 도움이 된다. 수출기업이나 고용 창출기업은 우대받는 사항이 많다.

이렇듯 보증을 받는 특별한 방법은 없다. 하지만 사전에 전문가와 함께 심사기업에 대한 사전진단을 받고 준비한다면 기업경영에 필요한 자금 조달에 실패하는 확률을 줄일 수 있을 것이다.

○ 성장 단계: 창업 7년 이상 또는 매출 50억 이상

급속한 성장에 따라서 제한적인 은행대출과 추가적인 자금 조달이 필요한 상황으로 성숙기에 들어서면 매출 상승률은 감소하면서 안정적인 경영 활동이 가능하다. 이때 사업 다각화나 사업 전환이 이루어지며 이에 따른 제조공장설립 등 이전과는 다른 큰 규모의 시설자금 조달이 필요할 수 있다. 그러면 기업의 성숙기에 자금 조달 방법과 기관에 대하여, 중소기업 정책자금에 대해서 알아보도록 하자.

1) 중소기업 진흥공단

　중진공(중소기업 진흥공단) 정책자금 대상은 「중소기업기본법」 제 2호에 따른 중소기업으로 매우 다양한 기업이 포함되므로 앞에서 살펴본 소상공인보다 넓게 확대된다. 융자 대상과 관련된 세부사항은 사업별 정책자금 융자 계획에서 규정하고 주된 사업의 업종이 융자 제외 대상 업종에 해당하는 경우는 융자 대상에서 제외된다.

　중진공 정책자금의 경우 다음의 중점 지원분야 영업기업에 대해서는 연간 예산에서 일정 부분을 우선 배정한다(혁신 성장분야, 그린분야, 비대면 분야, 뿌리 산업, 소재부품장비 산업, 지역특화 산업, 지식서비스 산업, 융·복합 및 프랜차이즈 산업, 물류 산업, 유망소비재 산업들이 중점 지원 분야에 해당한다).

　중진공 정책자금 신청은 중소벤처진흥공단 홈페이지에서 상담 예약 후 온라인 자가진단 및 정보 제공 동의를 실시한 뒤 중소기업이 중진공을 방문하거나 비대면 유선 상담이나 대면으로 사전 상담을 실시하게 된다. 중진공 홈페이지에서 온라인 융자 신청을 하면 신청 결과 통보 및 정식으로 접수되고 중진공 담당자가 기업을 평가 및 진단을 통해 융자를 결정하게 된다. 융자가 결정되면 금융권에서 대리 대출을 하거나 직접 대출이 실행된다. 이때 각 지역별로 자금소진여부 가능한 정책자금 등을 미리 확인을 하고 준비하기를 권장한다.

예를 들어 2022년 서울, 경기권은 2022년 4월, 3년 미만의 창업기업만 접수가 진행되며 3년 이상 기업은 접수가 되더라도 자금집행이 되지 않는다. 이러한 세부사항을 알고 진행한다면 시행착오를 예방할 듯하다.

(1) 중진공 정책자금 신청 절차

중진공 정책자금은 다음과 같은 순서로 진행된다.

> 상담신청 예약 → 온라인 자가진단 → 신용정보 동의(인증서 필요) → 중진공 상담(대면 또는 비대면) 신청서 작성 제출 → 기업평가 → 융자 결정 → 융자 실행

아래 업체는 전년 대비 매출 감소로 긴급 경영안정자금을 신청하여 융자가 결정된 예시를 보여 주고 있다.

정책자금 온라인 신청 내역

관리번호	자금종류 지역본부	신청예약	자가진단	정보제공동의	상담결과	신청서 제출	기업평가	융자결정	다음 단계
	긴급경영안정자금 (일시적경영애로) 인천서부지부	완료	완료	완료	부여	접수예정	평가완료	융자결정	해당 지역본부에 문의 바랍니다.

중진공자금은 전월 말일에 신청하여 익월에 융자 결정이 나든지 지연될 수도 있으니 장기적으로 접근하는 것이 좋다. 그럼 중진공 진행 시 가장 유의해야 할 점은 무엇일까?

(2) 중진공자금 진행 시 유의사항

첫째, 중진공 융자공고를 잘 살펴봐야 한다. 가장 기본적인 사항이지

만 의외로 간과하는 것이 많다. 공고를 보면 해당기업이 심사 대상이 될 수 있는지 알 수 있으므로 세부적으로 살펴봐야 한다. 특히 예외사항으로 기재된 부분을 살펴보면 진행 가능한 경우도 많이 있다. 중진공 정책자금 융자 제한기업 ②번 항목 중 ②「소상공인 보호 및 지원에 관한 법률」에 따른 소상공인(* 소상공인 기준: 광업·제조업·건설업·운수업은 상시 근로자 수 10명 미만, 그밖에 업종은 상시 근로자 수 5명 미만. 단, 제조업 또는 중점 지원분야를 영위하는 기업 등은 소상공인 지원 가능)의 경우, 소상공인이지만 제조업을 영위하거나 중점 지원분야를 영위하는 기업은 지원 가능하니 이 부분을 잘 살펴봐야 한다.

둘째, 자금의 용도와 심사기업의 자금 활용 방법이 일치해야 한다. 예를 들어 청년 전용 창업자금을 신청했는데 업력이 3년이 지났거나 대표자가 39세를 초과하면 지원받을 수 없다. 이는 자금의 성격과 용도 기준을 명확히 알고 진행해야 하므로 전문가와 충분한 상담 후 진행하길 권장한다.

> **<청년 전용 창업자금>**
> -대표자가 만 39세 이하로서, 업력 3년 미만인 중소기업 또는 중소기업을 창업하는 자

셋째, 심사기업 요청에 정당한 사유가 있음에도 불구하고 심사기관(중진공)이 충분한 설명 없이 거부한다면 민원도 감수해야 한다. 혹 심사기관이 이에 대해 불이익을 줄 것을 우려하여 정당한 주장을 못 하는 경우가 예전에는 있었는지 모르지만 지금은 많이 달라졌다. 정당한 사유

가 있는데도 불분명하게 거부당한다면 민원을 제기하는 것도 좋은 방법이다. 절대로 이로 인한 불이익은 없다. 다음 사례는 중진공 담당자가 심사 제외 대상에 대한 통보에 민원을 제기하여 회신된 내용이다.

민원 회신

2018. 3. 26

☐ 검토결과
- 귀사의 경우 중기업으로 분류되어 중소기업진흥공단 정책자금 신청요건 충족
  * 상담하신 내용을 토대로 도소매 업종 매출 50억원 이상

☐ 중진공 정책자금 신청여부 결정 및 통보(향후 조치사항)
- 정책자금 융자공고에 의거 정책우선도 평가 진행
  (귀사의 경우, 3월 상담분에 포함하여 지연없이 정책우선도 평가진행)

- 정책우선도 결과에 따라 융자신청 접수여부 통보(개별통보 예정)

해당 기업은 정책평가를 통해 정책자금을 융자받을 수 있었다.

2) 시설자금 조달 방법

시설자금이란 기업이 생산설비나 기계를 구입하거나 공장, 사업장 매입 등 시설에 소요되는 자금을 말한다. 시설자금은 정책기관에서 조성한 기금을 은행을 통하여 대출해 주는 방식으로 지원된다. 시설자금은 공장을 건립하거나, 사업장 매입 시 소요되는 자금으로 자금 규모가 크며 운전자금과는 달리 금융권을 통해 대출이 이루어진다.

시설자금을 조달하는 방법은 크게 3가지 정도로 이루어지는데 기업의 규모와 사업성을 사전에 분석한 후 해당 기업에 맞는 조달 방법을 취하길 바란다.

첫째, 담보 여력이 없으나 사업 확장이 필요한 경우 정책자금을 백분 활용하기 바란다. 이미 기술한 대로 신용보증기금, 신용보증재단, 중소기업진흥공단 등은 기업의 성장, 발전을 위해 시설자금 예산을 확보하고 있으니 기관과 충분한 상의 후에 진행하시기 바란다.

정책기관 시설자금은 자기부담률 30~40% 정도가 가능해야 하므로 사전에 이에 대한 자금을 준비해야 하고 이에 따른 견적서, 계약서, 건축허가 등이 선조건이기 때문에 사전에 많은 준비를 하고 기관 관계자와 어느 정도 소통이 있은 후에 진행하길 바란다. 만약 준비 없이 진행 후에 기관에서 지원불가 기업으로 결정되면 자금수급에 많은 어려움을 겪게 된다. 실제로 이와 같은 기업을 상담한 경험이 많고, 이를 수습하기 위해서 많은 수고와 비용이 발생했던 경우도 많이 봐 왔다.

둘째, 담보 여력은 없으나 자금 여력이 있는 경우는 금융권 시설자금을 권장한다. 금융권에 근저당권을 설정하고 계약과 설정을 동시에 진행할 수 있으며 공단이나 산업단지 내 금융회사는 최대 80~90%까지 대출이 가능하기 때문에 시설자금 조달이 용이하다. 단 이때 주의할 것은 기업 등급을 반드시 관리해야 한다는 점이다. 기업 등급이 낮으면 금융권 대출이 수월하지 않다. 기업이 어느 정도 성장 단계에 들어서면 신용평가 회사를 통해 기업 등급을 꾸준히 관리해야 한다. 기업 등급만 양호하면 시설자금 조달에 많이 유리해진다. 실제적으로 정책기관들도 신용평가 회사의 기업 등급으로 보증 진행 여부를 많이 결정한다. 개인에게 신용등급 관리가 매우 중요하듯 기업은 신용평가 등급 관리가 기업자금 조달의 성패를 좌우하게 된다는 것을 명심해야 한다. 등급이 BBB-는 되어야 기업금융 진행이 가능하다고 보면 된다.

3) 기업 구매자금(B2B 구매자금)

기업 구매자금은 전자상거래 보증제도로 신용보증기금의 보증 상품 중 하나다. 정식적인 명칭으로는 전자상거래보증으로 중소기업이 (전자)상거래계약과 관련하여 부담하는 대금지급 채무에 대한 보증으로 신용보증기금에서 소개하고 있다.

간단히 설명하면 판매자가 구매자에게 물건을 판매했을 때 구매자가 물품 대금을 지급해야 되는데 물품 대금 대신 신용보증기금이 보증서를 제공하고 은행이 이를 담보로 물품 대금을 지급하는 전자상거래제도다.

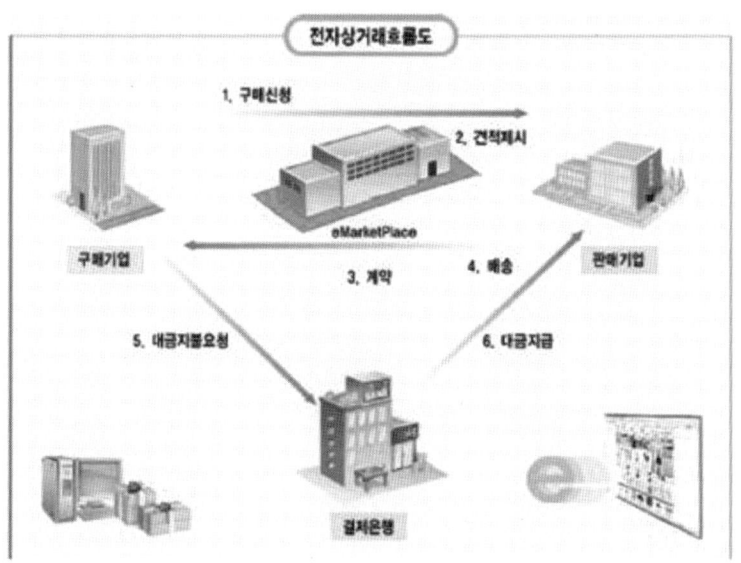

이러한 전자상거래제도를 통해 부실 위험을 줄이고 구매자는 유동성을 확보해서 건전한 상거래 활동을 촉진시키기 위한 신용보증기금에 보증 상품이라고 볼 수 있다. 현재에도 많은 기업들이 B2B 구매보증 상품을 이용 중이다. 그렇다면 B2B 구매자금의 장점은 무엇일까?

첫째, B2B 구매자금의 장점은 사용을 하지 않으면 이자가 나가지 않는 상품이라는 것이다. 요즘같이 금리가 매우 높은 시기에 보증서가 발급되면 이자 비용이 발생하는데 B2B 구매자금은 보증서가 발급된다 하더라도 대출이 일어나지 않으면 금융 이자가 발생하지 않는다. 그러므로 기존 금융 상품보다 이자를 절감할 수 있는 특징이 있다. 지금같이 고이율 시대에 금리를 절감할 수 있는 상품을 이용한다면 기업 운영에 있어서 이자 비용을 경감할 수 있는 좋은 기회가 될 것이다.

둘째, B2B 구매자금은 신용보증기금을 통해 발급을 되는데 일반보증보다는 그 보증 한도가 높으며 그리고 심사 기준도 기존 보증 상품보다는 융통성이 있다. 신용등급이 조금 낮더라도 보증 진행이 가능하며 한도 또한 기존 보증 금액보다 증액이 쉽다.

마지막으로 B2B 구매자금은 상환에 대해 조금 더 자유롭다. 일반자금은 매년 10%씩 상환을 해야 되는데 이것이 그리 만만한 것은 아니다. 하지만 B2B 구매자금은 직접 자금을 대출해 주는 것이 아니고 단지 한도만 부여한 것이기 때문에 한도만 축소된다. 실례로 3억 보증을 받았다면 그 다음에는 2억 8천… 이렇게 10%씩 차감돼서 10년 동안 보증금액이 차례로 축소된다고 보면 된다.

하지만 한 가지 주의할 점이 있다. B2B 구매자금은 180일 안에 상환을 해야 하는 구매자금 대출이다. 즉 최대 180일 안에 상환을 하고 또다시 대출을 일으켜야 한다는 것이다. 하지만 금융기관에 따라 연장이 가능하므로 많게는 6개월 즉 1년까지 유동성 있게 상환할 수 있는 회전자금이다.

참고문헌

- 「2022년 중소벤처기업부 소관 소상공인 정책자금 융자계획 공고」
- 「2020 소상공인 실태조사결과(잠정)」, 통계청
- 신용보증기금 홈페이지: https://www.kodit.co.kr/
- 소상공인 진흥공단 홈페이지: https://ols2.sbiz.or.k
- 서울신용보증재단홈페이지: https://www.seoulshinbo.co.kr
- 서민금융 진흥원 홈페이지: https://www.kinfa.or.kr/
- 「2022년도 중소기업 정책자금 융자계획 공고」
- 「2020 소상공인 금융실태조사 보고서」, 신용보증재단 중앙회
- 2021년도 중소·벤처기업 지원사업, 「중소벤처기업편」

저자소개

오종철 OH JONG CHUL

학력
· 단국대학교 영어영문학 졸업
· ROTC 제대

주요 경력
· 종합식품회사 대한제당(주) (영업, 마케팅)
· (주)비투비모아 근무
· 한국데이터산업진흥원 평가위원
· 경영지도사(마케팅)
· 소상공인 진흥공단 컨설턴트
· 중소기업 유통센터(소상공인 지원사업) 전문위원
· 용인산업진흥원 평가위원

자격사항
· 경영지도사
· 공인중개사

· 기술신용평가사
· 협동조합 코디네이터

2022년 소상공인 정책자금

이서호

○ 소상공인 정책자금 개괄

우리나라 「헌법」에는 123조 3항 '국가는 중소기업을 보호·육성하여야 한다'는 조항과 동조 5항 '국가는 농어민과 중소기업의 자조조직을 육성하여야 하며, 그 자율적 활동과 발전을 보장한다'라고 규정하고 있다. 중소기업 중 소상공인(小商工人)에 대한 지원제도는 정부 각 부처 특히 중소벤처기업부를 비롯하여 소상공인시장진흥공단, 지방자치단체, 금융기관, 신용보증기관 등 다양한 경로를 통해 이루어지고 있다. 법체계에서도 그동안 「중소기업기본법」이라는 종갓집에서 벗어나 「소상공인기본법」(법률 제17623호, 2020.12.8. 공포되고 2021.3.9. 시행)을 근거로 한 독립 법체계가 마련·시행되고 있다.

현재 「소상공인 보호 및 지원에 관한 법률」, 「소상공인 생계형 적합업종 지정에 관한 특별법」, 「도시형소공인 지원에 관한 특별법」, 「전통시장 및 상점가 육성을 위한 특별법」 등 소상공인 관련 법을 통해 소상공인의 경영안정과 구조개선을 꾸준히 추진하고 소상공인의 생산과 서비스 기반 고도화를 위한 자금, 기술, 마케팅, 재무 관리 등 경영 전반에 대한 컨설팅과 교육, 판로 등 각종 사업을 지원하고 있다.

중소벤처기업연구원 정책연구 21-27에 의하면 2019년 기준 소상공인 사업체 수는 329만 개, 종사자 수는 약 662만 명으로 전체 사업체의 84.8%, 전체 고용의 36.9%를 차지하고 있다. 해외 주요국과 비교하면 소상공인 사업체 수 비중은 미국(73.1%), 일본(62.7%), 독일(80.4%)에 비해 높은 편이다. 소상공인은 규모나 재정적인 부문에서 영세한 특성을 가지고 있으나, 국가 경제에서 상당히 중요한 역할을 수행하고 있어서 정부 정책의 지원이 필요한 대상이다.

소상공인 확인 기준은 주된 업종별 연매출액이 소기업 규모에 해당하는지 여부 그리고 주된 사업에 종사하는 상시 근로자의 수를 기준으로 판단한다. 여기에서는 소상공인시장진흥공단(이하 공단으로 표기도 함)의 정책자금(직접대출과 대리대출)을 중심으로 소개하고자 한다.

일반적으로 정부정책자금은 저리(低利)이며 거치 기간이 있고 장기 분할상환 방식이라는 특성을 가지는데, 소상공인시장진흥공단의 정책자금 대출 기간도 거치 기간을 포함해 운전자금은 5년 이내, 시설자금은 8년 이내로 설정되어 있어서 소상공인이 장기간 저리로 자금을 활용할 수 있다.

소상공인시장진흥공단에서 직접대출의 경우 대출 실행과 회수 책임은 소상공인시장진흥공단에 있고, 대리대출의 경우 정책자금을 지원하되 대출 실행과 회수 책임은 대출 취급 은행이 부담하기 때문에 은행에서는 일반적으로 채권 보전을 위해 담보를 요구하게 되며 이에 따라 부동산 담보가 없는 경우 신용보증서 발급을 요구하는 경우가 많은 것이 현실이다.

정책자금 금리는 '정책자금 기준금리+자금별 가산금리'로 결정되며, 2022년 2분기 정책자금 기준금리는 연 2.55%이다. 대출이자는 월별 납입 기일에 매달마다 상환하여야 하나 원금 분할상환을 매월 지정한 날에 납부하지 않고, 약정된 연간 상환 금액을 자율적으로 수시상환하는 경우에는 추가 가산금리(0.2%)가 적용된다. 또한 고용 창출, 수출 실적, 노란우산공제 가입 실적, 수상 실적 여부에 따라 공통 또는 자금별 우대 항목이 있을 수 있다.

자금 지원 시기 및 방법 등은 소상공인시장진흥공단(국번 없이 1357, www.semas.or.kr) 알림 마당 내 공지사항을 통해 알 수 있는데 일반 경영안정자금 등 대리대출은 온라인 접수 방식을 도입하여 접수하고 있다.

자금 용도	사업 형태	접수 방식
운전자금	개인사업자	온라인 접수 및 비대면 전자 약정
	법인사업자	온라인 신청·접수 및 센터방문 대면 약정
시설자금 (운전자금+시설자금)	개인사업자	센터방문 신청·접수 및 대면 약정
	법인사업자	

출처: 소상공인시장진흥공단 홈페이지 참조, https://ols.sbiz.or.kr

직접대출의 경우 신청자금이 운전자금인가 시설자금인가 그리고 개인사업자인가 법인사업자인가에 따라 접수 방식이 다르다. 운전자금은 개인사업자일 경우에는 센터를 방문하지 않고 신청·접수에서 약정까지 비대면으로 처리되나, 법인의 경우는 온라인으로 신청·접수하고 대출약정은 공단 관할 센터에서 대면으로 이루어지며, 시설자금인 경우는 개인사업자와 법인 모두 신청·접수와 대출 약정이 관할 센터에서 대면으로 이루어진다.

○ 소상공인 정책자금(직접대출)

1) 소공인 특화자금

제조업을 영위 중인 상시 근로자 10인 미만의 소공인이 필요로 하는 운전자금과 시설자금을 지원하며 2022년 자금 지원 규모 1,500억 원이다. 운전자금이란 매출채권 지원자금이나 원재료 구입자금, 임금 지급 등 생산 활동에 소요되는 자금을 의미하며 시설자금은 숙련기술 기반의 소공인이 생산설비, 시험검사장비 등의 도입에 필요한 자금을 말한다.

대출금리는 변동금리인 정책자금 기준금리(분기별 변동금리: 2.55%) + 자금별 가감금리(0.6%p)로 2분기 적용금리는 연 3.15%이다. 대출 기간은 자금구분별 상환 기간에 따라 거치 기간을 연 단위로 선택할 수 있으며 운전자금은 5년, 시설자금은 8년이다.

대출한도는 기업당 총 5억 원 이내이며 운전자금은 연간 1억 원 이내로 가능하나 최근 1년 이내에 수출 실적이 직전년도(直前年度) 연간 매출액의 10% 이상인 수출 소공인은 운전자금 연간 한도액을 2억 원으로 우대하고 있다.

대출 신청인이 대출 신청·접수를 하게 되면 기술성, 사업성, 경영 능력, 신용도, 재무상태, 상환 능력 등을 종합평가하여 해당 기업의 대출 금액을 결정한다. 사업장 현황 파악, 대표자의 실질 경영자 여부 및 신청서에 기재된 사실의 확인, 사업의 지속가능성 등 재무적인 부문과 함께 비재무적인 부문도 중요한 점검 항목이다.

사업성 종합평가를 통해 대출 가능 여부 및 대출 금액이 정해지며 매출액이 많고 신용등급이 양호할수록 대출 금액 산정에 유리하며 고용창출, 수출 실적, 노란우산공제 가입 실적 등을 기업평가지표에 반영하여 평가 시 우대하고 있다.

우수사례로는 2009년 개인 업체로 창업하여 2018년 법인으로 전환한 A업체의 경우다. 소규모업체에만 납품하여 매출액이 2018년 약 7억 5천만 원이었으나 2019년 소공인 특화자금 1차로 8천만 원, 2020년 2차로 9천만 원을 지원받은 후 홈쇼핑업체와 락앤락에도 납품하여 2020년 매출액 31억 7천만 원으로 급성장하는 계기가 되었다.

2) 성장촉진자금

사업자등록증 기준 업력 3년 이상 된 소상인의 성장 제고와 재도약에 필요한 자동화 설비도입 등을 운전자금으로 지원하며 2022년 자금 지원 규모는 2,000억 원이다. 소공인 즉 제조업체는 이 자금의 지원대상이 아니다.

자동화 설비 기준은 업체가 사업운영 전반의 과정에 기계, 설비, 장치 등의 도입을 통해 사람을 대체하여 인건비를 절감할 수 있는 자동화를 구현한 경우로 시중 판매되는 자동화 설비부터 주문제작 자동화 설비까지 포함하나, 단순 수작업의 자동화는 제외된다.

성장촉진자금은 공단에서 직접대출로 지원하는 경우와 대출 심사 및 대출 실행이 18개 금융기관을 통해 대리대출(뒷부분에서 설명)로 이루어지는 경우 2가지 형태로 지원되고 있으며, 자동화 설비도입 등은 공단에서 신청·접수, 심사·평가, 약정 체결 및 대출을 실행한다. 대출 기간은 5년이며 대출한도는 2억 원 이내이고 대출금리는 변동금리로 2분기 적용금리는 연 2.75%이다.

우수사례로는 1998년 창업하여 20년간 갈치, 고등어, 우럭 등 다양한 종류의 수산물을 가공해 거래처에 납품하고 있는 B업체의 경우다. 순살 갈치의 가공 및 포장을 위한 자동화 생산설비 구축 비용으로 2016년 1억 원의 자금을 신청·지원받아 자동화 생산설비를 갖춤으로써 모든 과정을 수작업으로 운영할 때보다 작업 효율이 향상되었고, 품질도 개선되어 매출 증가로 이어졌다. 2020년 수급이 불안정한 수산물을 안정적으로 확보하고자 소공인특화자금 운전자금으로 1억 원을 추가로 지원받아 사업 경쟁력을 더 높였으며, 매출은 2019년 10억 7천만 원에서

2020년 13억 원으로 20% 이상 올랐다.

3) 혁신형 소상공인자금

소상공인시장진흥공단의 '혁신형 소상공인' 즉 백년소공인, 백년가게, '혁신형 소상공인 육성 사업'에 의해 지정된 '혁신형 소상공인' 중 요건에 맞는 업체 지원자금으로 2022년 지원 규모는 100억 원이다.

① 백년소공인: 공단 '백년소공인 육성 사업'에 의해 선정된 '백년소공인'으로 '백년소공인 확인서' 유효 기간 이내에 대출을 신청한 업체
② 백년가게: 공단 '백년가게 육성 사업'에 의해 선정된 '백년가게'로 '백년가게 확인서' 유효기간 이내에 대출을 신청한 업체
③ '혁신형 소상공인 육성 사업'에 의해 지정된 '혁신형 소상공인' 중
  - 각 사업별 지정 기간이 정해져 있는 경우(수출두드림 등): 지정 기간 내 대출 신청한 업체
  - 그 외: 지정연도로부터 3년 이내에 대출 신청한 업체

대출한도는 업체 당 5억 원 이내(운전자금 1억 원 이내)이며 대출 기간은 운전자금은 5년, 시설자금은 8년으로 백년가게 및 백년소공인은 운전자금과 시설자금 둘 다 가능하나 '혁신형 소상공인 육성 사업'에 의해 지정된 혁신형 소상공인은 운전자금만 지원한다. 대출금리는 변동금리로 2분기 적용금리 연 2.75%이다.

이 자금을 받기 위해서는 20~30년간 사업을 운영한 경력이 있어야

신청·지원이 가능한데 제조업체는 백년소공인으로, 비제조업체는 백년가게로 지정받은 업체가 신청할 수 있고 수출업체인 경우는 사업 기간에 상관없이 수출 두드림업체로 지정을 받으면 신청할 수 있다.

4) 스마트설비 도입자금

소상공인의 디지털 격차를 해소하고 온라인 경영환경 도입을 위해 원·부자재 구입 비용 등 기업경영에 소요되는 운전자금과 스마트설비, 생산설비, 시험검사장비 등의 도입에 필요한 시설자금으로 지원되며 2022년 지원 규모는 200억 원이다. 스마트공장 보급·확산 사업에 참여한 스마트설비 도입(예정) 기업 또는 스마트공장 수준 확인 등급이 Level 1~5인 기업에 시설자금을 지원하고, 스마트 기술·장비 등을 활용하여 영업 활동을 하는 기업과 온라인쇼핑몰 등 온라인을 활용하여 영업 활동하는 기업에 운전자금만을 지원한다.

대출 기간은 운전자금은 5년, 시설자금은 8년이다. 대출금리는 변동금리로 2분기 적용금리는 연 2.75%이다.

5) 재도전 특별자금

저신용자(CB 744점 이하) 중 사업성이 우수한 소상공인에게 경영애로 해소 등 기업경영 정상화에 소요되는 운전자금으로 지원되며 2022년 지원 규모는 200억 원이다.

개인 신용점수는 대출 신청 시 조회한 NICE평가정보 상 점수를 적용하며, 대출한도는 기업당 1억 원 이내이다. 대출금리는 고정금리 연 4.0%이고 대출 기간은 8년(거치 기간 3년 포함) 이내이다.

소상공인이 이 자금을 신청 및 접수하게 되면 공단 관할 센터에서는 다른 자금과는 심사하는 방법이 다르며, 특별심사위원회에 부의하여 심의를 통과한 업체에 지원되고 부결이 되는 경우는 자금을 지원하지 못한다.

우수사례로는 C업체의 경우로 사업성은 좋으나 신용등급이 낮아 자금 조달에 어려움을 겪고 있던 차에 2020년 6천만 원을 지원받아 원자재를 대량으로 매입함으로써 제품을 차질 없이 생산하여 납품할 수 있었다. 이로 인해 거래 업체를 다른 도(道)로 넓혔으며, 특허 출원을 계기로 동남아 지역으로 진출 계획도 갖고 있다.

6) 도시정비사업구역 전용자금

주거환경개선 사업·재개발·재건축의 도시정비 사업과정에서 매출액 감소로 인해 경영애로를 겪는 배후 지역 소상공인 대상 경영안정화 지원을 사업목적으로 마련된 자금이다. 지자체에서 관리처분계획에 고시한 주거환경개선·재개발·재건축 등의 도시정비구역에서 반경 500m 이내에 사업장이 소재한 소상공인 원부자재 구입 비용 등 기업경영에 소요되는 운전자금을 지원하며 2022년 지원 규모는 40억 원이다. 특이사항은 대출 신청 당시 조회한 NICE평가정보(NCB 스코어)를 적용하는데 신청기업(대표자), 법인(대표이사 또는 실제 경영자)의 개인 신용점수가 645점 이상이어야 하며 점수 확인이 불가한 업체는 신청이 제한된다는 점이다.

대출한도는 기업 당 총 1억 원 이내, 대출금리는 고정금리 연 2.0%이며 대출 기간은 5년 이내(거치 기간 2년 포함)이고 상환 방식은 거치 기간 경과 후 상환 기간 중 매월 원금 균등 분할상환 형태이다.

7) 사회적경제기업 전용자금

협동조합, 사회적기업, 마을기업, 자활기업을 대상으로 운전자금과 시설자금을 지원하는 자금으로 올해 지원 규모는 150억 원이다. 소상공인시장진흥공단 소상공인 협업 활성화 공동 사업에 선정된 이력이 있는 협동조합과 연합회는 상시 근로자 수가 소상공인의 범위를 초과하더라도 대상에 포함되나 협동조합 내 조합원은 이 자금의 신청대상이 아니다.

대출한도의 경우 운전자금은 연간 2억 원 이내이고 사회적경제기업 당 10억 원 이내이며 대출 기간은 운전자금은 5년, 시설자금은 8년이고, 대출금리는 변동금리로 2분기 적용금리는 연 2.95%이다. 고용 창출, 수출, 노란우산공제 가입 및 수상 실적, 청년·여성·장애인이 조합원의 50% 이상인 협동조합과 청년·여성·장애인 근로자가 50% 이상인 사회적·마을·자활기업은 기업평가 시 우대하고 있다.

우수사례로는 D협동조합의 경우로 2017년 창업하였으나 초기자금 부족으로 어려움을 겪고 있을 때 5천만 원을 지원받아 측정 장비 구입, 금형 제작 및 제품 홍보를 위한 마케팅 비용 등에 사용하였다. 이제 이 협동조합의 수제 맥주 브랜드 'ㅇㅇ비어'는 입소문을 통해 그 지역의 대표적인 양조자로 변신하였다.

8) 신사업창업사관학교 연계자금

성장 가능성이 높은 유망 아이템 중심의 준비된 창업 지원으로 신사업창업사관학교 이론교육을 완료한 교육생 대상 별도의 신청·선발·심사 절차 등을 거쳐 사업화 평가 진행 후 사업화자금을 차등 지원하고 경영 체험교육을 완료한 수료생 대상 신용등급 및 기타 증빙 서류 심사 절차 등을 통해 정책자금을 연계 지원하고 있다.

사업화 지원은 이론교육 수료생 중 선발을 통해 시제품 제작, 매장 모델링, 마케팅·홍보 등 사업화 비용을 지원하는데, 최종 사업화 지원 선정자는 협약 시작일로부터 6개월(180일) 이내 선정된 아이템으로 창업을 반드시 완료해야 하며, 지원 금액은 최대 3천만 원으로 총 사업비의 50%(현금+현물) 자부담 조건이다. 경영 체험교육을 완료한 수료생을 대상으로 창업초기운영자금에 연계하여 정책자금을 지원하고 있는데 올해 지원 규모는 20억 원이다.

신청 기간은 경영 체험교육 종료일로부터 1년 이내이며, 최대 1억 원 한도 내에서 개인 신용평가, 사업성 등을 종합 심사하여 결정된다. 자금 용도는 운전자금으로 대출 기간은 5년 이내이고 2년 거치 3년간 원금 균등 분할상환 방식이다. 대출금리는 변동금리로 2분기 적용금리는 3.15%이다. 이 자금은 상시 접수가 가능하다.

9) 일상회복 특별 융자

2021년 7월 7일~10월 31일 동안 시행된 '인원·시설운영 제한' 방역 조치 이행으로 매출이 감소한 2022년 1월 31일 이전 개업 소상공인을 대상으로 특별 융자를 지원하며 2022년 지원 규모는 7,500억 원이다.

중앙재난안전대책본부 또는 지방자치단체가 시행한 인원·시설운영 제한 방역 조치 이행 업종을 대상과 최근 변이 바이러스 국내 유입 등으로 어려움을 겪는 여행업, 공연업, 국제회의학술행사 등의 소상공인에게도 일상회복 특별 융자를 확대하였으나 동 기간 중 집합금지 및 영업시간 제한 적용 업종으로 희망대출을 받은 경우는 지원이 제외된다.

자금 용도는 운전자금으로 지원되며 대출한도는 개인 또는 법인당 2천만 원 이내이고, 대출 기간은 5년(2년 거치 3년 분할상환으로 거치 기간 다양화 및 자율상환제 적용 제외), 대출금리는 고정금리로 연 1%이다. 세금 체납, 금융기관 연체, 휴·폐업, 소상공인 미해당, 일상회복 특별 융자 중복 등 결격사유만 확인하는 간이 심사를 적용하여 신속 처리하고 있다.

10) 경영애로자금(희망대출)

　일상회복 멈춤, 영업시간 제한 등 방역 조치 강화에 따른 매출 감소로 인한 저신용 소상공인의 피해 회복을 위해 긴급 지원하는 자금으로 소상공인 방역지원금 지급자 중 저신용 소상공인이 지원대상으로 2022년 지원 규모는 1조 4천억 원이다.

　2021년 12월 27일부터 시행하는 '소상공인 방역지원금' 지급 업체로 신용점수 744점 이하(NICE평가정보 기준, 구(舊) 6등급 이하)이며 상시 근로자 수가 소상공인 요건에 해당하는 업체(개인 과세사업자, 개인 면세사업자, 영리법인 본점)에게 지원되며, 일상회복 특별 융자(2021.11.29.~)를 받은 경우는 지원이 제외된다.

　자금 용도는 운전자금으로 지원되며 대출한도는 개인 또는 법인당 1천만 원 이내이고, 대출 기간은 5년(2년 거치 3년 분할상환으로 거치 기간 다양화 및 자율상환제 적용 제외), 대출금리는 고정금리로 연 1%이다. 거치 기간 후 상환 기간 동안 매월 원금 균등 분할상환 방식이고, 세금 체납, 금융기관 연체, 휴·폐업, 소상공인 미해당, 일상회복 특별 융자 중복 등 결격사유만 확인하는 간이 심사를 적용하여 신속 처리하고 있다.

11) 생활혁신형 창업 지원자금

　생활혁신형 창업 지원자금은 생활 주변 사업 아이템에 참신한 아이디어를 적용하여 창업화할 수 있도록 하는 성공불융자 지원으로 생활혁신형 창업 지원사업에 선정된 소상공인 중 창업 소상공인에게 지원한다.

사업 운영에 필요한 운전자금으로 대출한도는 업체당 2천만 원이고 대출금리는 고정금리로 2.5%이다. 대출 기간은 5년 이내이고 3년 거치 2년간 원금 균등 분할상환 방식으로 거치 기간 다양화와 자율상환제 적용은 제외된다.

창업 지원사업에 선정된 아이디어로 사업자등록을 완료하여야 하므로 아이디어 선정 시 제출한 사업계획서 내용과 실제 창업한 분야가 다른 경우에는 대출이 불가하다. 일정한 요건이 충족되면 융자금을 갚지 않아도 되는 장점이 있으나, 현재 신규로 업체를 선정하지 않고 기선정된 업체만 지원하고 있다.

○ 소상공인 정책자금(대리대출)

소상공인들에 대한 정책자금 융자를 통해 소상공인의 자생력을 높이고 사업을 통한 삶의 안전망을 마련하고자 중소벤처기업부 소관 소상공인 정책자금 중 대리대출 업무를 시행하고 있다. 2022년 3월말 게시된 2분기 소상공인 정책자금(대리대출) 중 일반적인 사항을 먼저 살펴보고 자금별 내용을 소개하고자 한다.

「소상공인기본법」 제2조 및 시행령 제3조 및 「소상공인 보호 및 지원에 관한 법률」의 소상공인에게 대리대출 총 융자 잔액 기준으로 업체당 최고 7천만 원 이내이며, 자금별 대출한도 기준이 한도를 초과하는 경우 한도가 큰 기준에 따른다.

신용, 신용보증서, 부동산 담보 등을 통해 대출 취급 은행 판단하에 대출이 이루어진다. 공단 관할 센터에서 정책자금 지원대상 확인서를 발급받아 은행에 제출하면 되며, 신용보증서 부(附) 대출인 경우는 보증기관(지역신용보증재단 등)에서 보증서를 발급받아 금융기관에서 대출이 진행되는 형태로, 확인서를 금융기관용과 보증기관용으로 발급받아 해당 기관에 제출하면 되는데 현재 비대면 온라인으로 확인서를 발행하고 있다. 이 확인서는 소상공인 정책자금 지원대상임을 확인하는 서류이지 자금대출을 보증하지는 않는다.

대출금리는 자금별로 별도의 금리를 적용하며 대출 기간은 거치 기간 2년을 포함하여 5년 이내나 일부 자금은 대출 기간이 다를 수 있다.

대출금 상환 방식은 거치 기간 후 상환 기간 동안 대출 금액의 70%는 3개월마다 균등 분할상환하고 30%는 상환 기간 만료 시 일시상환하는 것을 원칙으로 하나 금융기관과 고객과의 약정에서 상환 방식을 변경할 수 있다. 지원받은 정책자금 대출금 전액 또는 일부를 조기에 상환하는 경우 은행대출과는 다르게 중도상환수수료는 부담하지 않는다.

1) 일반 경영안정자금

일반 경영안정자금의 올해 지원 규모는 5,000억 원이며, 일반 소상공인자금, 창업초기자금, 여성가장 지원자금, 사업전환자금, 신사업창업사관학교 연계자금으로 지원된다. 신사업창업사관학교 연계자금은 직접대출(예산 20억 원)로 소상공인시장진흥공단에서 접수 및 약정이 이루어지나, 나머지는 대리대출 방식(올해 지원 규모 4,980억 원)으로 지원되고 있다.

(1) 일반자금(일반 소상공인)

「소상공인 보호 및 지원에 관한 법률」상 상시 근로자 5인 미만(제조·건설·광업·운수업은 10인 미만) 소상공인에게 영업의 지속률을 높이고 자금의 애로사항을 해소하여 경영안정을 지원하기 위한 자금이다. 창업 후 1년이 경과한 경우 지원하는 자금이나 착한 임대인은 업력과 무관하게 신청할 수 있다. 개인기업이 법인기업으로 전환 시 포괄 양수도를 통해 요건을 모두 갖추면 개인기업의 사업 기간도 인정한다.

대출한도는 업체당 7천만 원이고 대출 기간은 5년 이내이고 2년 거치 3년간 원금 균등 분할상환 방식이다. 지원대상의 확인은 소상공인시장진흥공단에서, 대출 심사 및 대출 실행은 18개 금융기관을 통해 대리대출 방식으로 지원된다. 대출금리는 정책자금 기준금리+0.6%p 분기별로 변동되며 2분기 적용금리는 연 3.15%이다.

제로페이 가맹 사업자이거나 풍수해 보험 가입한 경우 또는 업력 3년 이상인 소상공인은 금리 0.1%p, 착한 프랜차이즈 가맹본부 지정업체는 0.6%p 금리를 우대해 주고 있으나 중복우대는 인정되지 않는다.

(2) 창업초기자금

사업을 시작한 지 1년이 안 된 소상공인에게는 창업초기자금으로 지원하고 있는데 중소벤처기업부 장관이 정한 교육과정을 12시간 이상 수료하여야 이 자금을 신청할 수 있다.

교육 인정 기준으로 공단 지식배움터에서 재기 교육과정을 제외한 온라인 교육과정(edu.sbiz.or.kr) 등 12시간 이상을 이수하면 되며 교육 수료일로부터 1년까지 유효하다. 하지만 「재난 및 안전관리 기본법」에 따른 특별재난지역 소재 소상공인 또는 지방자치단체에서 재해확인증(또는 피해사실확인서)을 발급받은 재해피해 소상공인, 코로나 경력단절 여성우대 대상자는 교육 이수 없이 신청할 수 있다. 대출한도, 대출금리(금리 우대사항 일부 다름), 대출 기간은 일반자금과 같다. 제로페이 가맹 사업자이거나 풍수해 보험 가입한 경우 금리 0.1%p, 여성대표 중 경력단절에 해당하는 경우 금리 0.2% 우대를 해 준다.

(3) 여성가장 지원자금

경제 활동이 불가능한 부양가족만 있는 여성가장 소상공인에게 지원하는 자금으로 가족관계증명서 등재 가족(배우자, 직계 존비속, 형제자매 등) 중 주민등록상 최근 6개월 이상 동일 세대 세대원으로 등록된 자 전체가 경제 활동 능력이 없는 경우 지원한다.

제로페이 가맹 사업자이거나 풍수해 보험을 가입한 경우 혹은 업력 3년 이상인 경우에는 금리에서 0.1%p 우대하고 있으며 중복우대는 되지 않는다.

대출한도, 대출금리, 대출 기간 등 융자조건은 일반자금과 동일하여 부양가족이 경제 활동이 불가능하다는 입증 서류를 소상공인이 제출해야 하는 번거로움이 있고, 특별한 혜택도 없어 굳이 이 자금을 신청할 필요성을 느끼지 못한다. 개인적 생각으로는 금리에서 혜택을 부여하는 것이 바람직해 보인다.

(4) 사업전환자금(사업전환 소상공인)

소상공인 희망리턴패키지 내 재창업·업종전환 교육을 수료한 소상공인에게 지원되는 자금으로 온라인 10시간과 현장 교육 40시간 중 80% 이상 이수한 자에게 희망리턴패키지 내 재창업·업종전환 교육을 수료한 날로부터 1년까지 유효하다.

대출한도는 업체당 최고 1억 원이고 대출 기간은 5년(거치 기간 2년 포함)이며, 대출금리는 정책자금 기준금리+0.2%p로 2분기 적용금리는 2.75%이다.

제로페이 가맹 사업자이거나 풍수해 보험을 가입한 경우 혹은 업력 3

년 이상 경영하고 있는 소상공인에게는 금리에서 0.1%p 우대하고 있으며 중복우대는 되지 않는다.

2) 성장기반자금_성장촉진자금

사업을 3년 이상 경영한 소상인에게 원부자재 구입 등 기업경영에 필요한 자금을 지원하며 직접대출 방식 포함 2,000억 원 규모이다. 제조업체는 제외되며 지원대상의 확인은 공단에서, 대출 심사 및 대출 실행은 18개 금융기관을 통해 대리대출로 진행되고 있다.

대출한도는 업체당 1억 원이고 대출금리는 정책자금 기준금리 +0.4%p이며, 2분기 적용금리는 2.95%이다. 대출 기간은 5년 이내이고 2년 거치 3년간 원금 균등 분할상환 방식이다. 대출 기간은 5년 이내이고 2년 거치 3년간 원금 균등 분할상환 방식이다. 최근 3년 이내 소상공인시장진흥공단 소상공인 역량강화 사업 컨설팅 수진업체는 금리를 우대하여 2분기 적용금리는 2.75%이다.

3) 특별 경영안정자금

특별 경영안정자금으로 대리대출 방식으로 지원되는 것은 장애인기업 지원자금, 위기 지역 지원자금, 긴급 경영안정자금, 청년고용 연계자금이고, 직접대출 방식으로 지원되는 것은 경영애로자금(희망대출), 재도전 특별자금, 도시정비사업구역 전용자금, 사회적경제기업 전용자금,

일상회복 특별 융자자금이며 올해 지원 규모는 2조 4,282억 원이다.

(1) 장애인기업 지원자금

장애인복지카드(국가유공자 카드 또는 증서) 또는 장애인기업 확인서를 소지한 장애 소상공인(또는 기업)에게 지원되는 자금으로 올해 지원 규모는 500억 원이다. 지방중소벤처기업청이 정한 장애인기업확인서를 소지한 장애인기업의 경우 예외 조항을 적용받아 상시 근로자 수에 무관하게 신청할 수 있으나 업종에 따라 일부 지역 신용보증재단에서 신용보증서 발급이 제한될 수 있다. 그리고 국가유공자의 경우 상이 등급이 있는 경우만 장애인기업과 동일하게 적용한다.

대출한도는 업체당 1억 원이고 대출금리는 고정금리로 연 2.0%이며, 대출 기간은 7년 내이고 2년 거치 5년간 원금 균등 분할상환 방식이다.

(2) 위기 지역 지원자금

고용노동부가 지정한 고용위기 지역, 산업통상자원부가 지정한 산업위기 대응 특별 지역, 조선사 소재 지역 등 지역 경제위기가 우려되는 지역 소재 소상공인에게 지원되는 자금으로 올해 지원 규모는 600억 원이다. 대출한도는 업체당 7천만 원이고 대출금리는 고정금리로 연 2.0%이며, 위기 지역은 다음과 같다.

구분별 해당 위기 지역

구분	지역
고용위기 지역	군산, 통영, 고성, 거제, 창원 진해구, 울산 동구, 목포, 영암(2022.1.1.~2022.12.31.)
산업위기 대응 특별 지역	군산(2020.4.5.~2023.4.5.), 통영, 고성, 거제, 창원 진해구, 울산동구, 목포, 영암, 해남(2021.5.29.~2023.5.28.)
조선사 소재 지역	군산, 통영, 고성, 거제, 창원, 울산 동구, 울산 남구, 울산 울주군, 영암, 김해, 사천시, 부산 영도구, 부산 사하구, 부산 중구, 부산 강서구

출처: 소상공인시장진흥공단 홈페이지, https://ols.sbiz.or.kr

(3) 긴급 경영안정자금(재해피해 소상공인)

집중호우, 태풍, 폭설, 화재 등으로 피해를 입고, 지자체에서 재해확인증 발급을 받은 소상공인에게 지원하는 자금으로 올해 지원 규모는 100억 원이다. 재해피해 소상공인은 자연재해 등이 종료한 날로부터 10일 이내에 시장·군수·구청장 또는 읍·면·동장에게 피해신고가 가능하다.

대출한도는 재해 1건당 업체당 7천만 원으로 재해자금을 지원하는 경우에는 연도별 중소벤처기업부 소관 소상공인 정책자금 융자 지원 계획에서 정하는 업체별 통합 지원 한도의 적용을 배제한다. 대출금리는 고정금리로 연 2.0%이며, 대출 기간은 5년 이내이고 2년 거치 3년간 원금 균등 분할상환 방식이 원칙이다.

재해 소상공인이 지방자치단체에 가서 재해피해 확인 및 재해확인증을 발급받은 후 신용보증서 발급 시 보증기관 심사를 거쳐 금융기관(대리대출)에 대출을 신청하면 되고, 순수신용 및 담보부대출 경우 보증기관을 거치지 않고 대출 취급 은행에 대출을 신청하면 되며 상시 접수가 가능하다.

(4) 청년고용 연계자금

대표자가 39세 이하 청년 소상공인이거나, 신청일 기준 전체 상시 근로자 가운데 50% 이상 청년 근로자로 고용하고 있는 경우 또는 최근 1년 이내 청년 근로자 1인 이상 고용하고 유지 중인 소상공인에게 지원하는 자금으로 올해 지원 규모는 1,192억 원이다. 상시 근로자가 1명일 때도 해당 근로자가 청년일 경우에는 이 자금을 신청할 수 있다.

대출한도는 업체당 3천만 원이고 대출금리는 고정금리로 연 2.0%이며, 대출 기간은 5년 이내이고 2년 거치 3년간 원금 균등 분할상환 방식이다. 대출 실행일 이후부터 1년간 청년 근로자 고용 유지가 확인되는 경우 0.2%p 우대해 주는데 해당되는 경우 공단에서 금리 우대 대상 확인서를 신청·발급 후 대출 취급 은행을 방문하여 제출하면 된다.

○ 마무리

이상에서 소상공인시장진흥공단이 지원하는 정책자금을 직접대출 방식과 대리대출 방식으로 나누어 설명하였다. 2022년 소상공인 정책자금으로 연초 4조 2천억 원 책정되어 운용할 예정이었으나 정부의 손실

보상금 등 예산 조정으로 8,918억 원 감액되어 2022년 4월말 기준 3조 3천 82억 원으로 운영되고 있다.

대출은 기업에서 보면 자금의 조달이고 기업이 존속하는 동안 영업을 지속하기 위해서는 때때로 혹은 계속적으로 사용해야 한다. 은행 등 금융회사의 경우 대출 위험을 최소화하고 이익의 극대화를 추구하나, 정책자금의 경우에는 이익과는 상관이 없고 소상공인을 보호 육성해야 하는 정책적 목적을 달성하기 위한 지원 성격이 강하다. 앞에서 언급했듯이 정책자금은 저리(低利)이고 장기(長期)이며 무담보(無擔保) 신용대출이다. 또한, 거치 기간도 있어서 대출 후 초기 상환 부담을 줄여 주며, 영업이 잘되는 경우 대출금의 전액 또는 일부를 조기에 상환할 수 있고 이에 따른 중도상환수수료도 부담하지 않는다.

국가세금으로 운영되고 있는 정책자금은 법(法)에서 국가나 지방자치단체가 소상공인에게 지원하도록 의무화되어 있어서 누군가에게 주어질 돈이다. 다시 말해 소상공인 여러분이 드시도록 밥상을 차려 놓았다. 이처럼 소상공인시장진흥공단 뿐만 아니라 정부 각 부처(部處) 및 공공기관, 지방자치단체에서도 다양한 부문에 예산을 확보하여 여러분을 기다리고 있다. 이래도 정책자금에 관심을 가지고 노크를 하지 않으시렵니까?

2022년 소상공인 정책자금 운용 계획

(단위: 백만 원)

자금 구분			금리 산정 방식	금리 (2/4분기)	대출 방식	자금 규모
성장기반 자금 (350,000)	소공인 특화자금					150,000
		운전	기준금리+0.6%	3.15%	직접	150,000
		시설	기준금리+0.6%		직접	
	성장촉진자금					200,000
		일반	기준금리+0.4%	2.95%	대리	200,000
		자동화설비	기준금리+0.2%	2.75%	직접	
스마트 소상공인자금 (30,000)	혁신형 소상공인자금					10,000
		운전	기준금리+0.2%	2.75%	직접	10,000
		시설	기준금리+0.2%		직접	
	스마트설비 도입자금					20,000
		운전	기준금리+0.2%	2.75%	직접	20,000
		시설	기준금리+0.2%		직접	
일반 경영 안정자금 (500,000)	일반 소상공인자금		기준금리+0.6%	3.15%	대리	498,000
	창업초기자금		기준금리+0.6%	3.15%	대리	
	여성가장 지원자금		기준금리+0.6%	3.15%	대리	
	사업전환자금		기준금리+0.2%	2.75%	대리	
	신사업창업사관학교 연계자금		기준금리+0.6%	3.15%	직접	2,000
특별 경영 안정자금 (2,428,200)	장애인기업자금		고정	2.00%	대리	50,000
	위기 지역 지원자금		고정	2.00%	대리	60,000
	긴급 경영안정자금		고정	2.00%	대리	10,000
	경영애로자금(희망대출)		고정	1.00%	직접	1,400,000
	재도전특별 자금		고정	4.00%	직접	20,000
	도시정비사업구역 전용자금		고정	2.00%	직접	4,000
	사회적경제기업 전용자금		기준금리+0.4%	2.95%	직접	15,000
	청년고용 연계자금		고정	2.00%	대리	119,200
	일상회복 특별 융자		고정	1.00%	직접	750,000
합계						3,308,200

출처: 소상공인시장진흥공단 자료

참고문헌

- 「2022년도 중소벤처기업 지원사업 Ⅱ 유관기관 편」, 중소벤처기업부, 2021.
- 「2020 소상공인 정책자금 수혜업체 우수사례집」, 소상공인시장진흥공단
- 「중소기업 정책평가와 향후 과제: 소상공인 분야」, 조혜정, 중소벤처기업연구원 정책연구 21-27, 2021.
- 『취업과 창업』, 오영환 외 6명, MJ미디어, 2018.
- 『기업세무 및 중소기업지원제도 제3판』, 정재연·고중언, 한국금융연수원, 2015.
- 소상공인시장진흥공단 홈페이지, https://ols.sbiz.or.kr

저자소개

이서호 LEE SEO HO

학력
· 연세대학교 경제학 석사
· 영남대학교 무역학 학사

주요 경력
· (현) 알파경영컨설팅 대표
· (전) 소상공인시장진흥공단 전문위원
· (전) 서울신용보증재단 보증 심사 및 사후관리 담당
· (전) 대동은행 과장
· (전) 한국개발연구원 연구원

자격사항
· 경영지도사
· CMC(국제공인 경영컨설턴트)
· 공인중개사
· 협동조합 코디네이터

· 금융해설사

주요활동

· (현) 중소벤처기업부 직접생산 확인제도 실태조사 민간전문가
· (현) 서울지방중소벤처기업청 협동조합 심의위원
· (현) 강원지방중소벤처기업청 백년소공인 심의위원
· (현) 소상공인시장진흥공단 백년소공인 현장평가위원
· (현) 소상공인시장진흥공단 백년가게 현장평가위원
· (현) 소상공인시장진흥공단 역량강화 컨설턴트
· (현) 소상공인시장진흥공단 사업정리 컨설턴트
· (현) 중소기업중앙회 노란우산 경영지원단 자문위원
· (현) 경기도경제과학진흥원 재도전성공센터 전문위원
· (현) 장애인기업종합지원센터 현장평가위원
· (현) 한국기상산업기술원 날씨경영 전문인력
· (현) 한국서비스품질우수기업인증 품질평가위원
· (현) 한국인터넷진흥원 제안서 평가위원
· (현) 한국콘텐츠진흥원 평가위원
· (현) 중소기업유통센터 마케팅 전문위원
· (현) 충북농촌융복합산업지원센터 전문위원
· (현) 송파구 마을경영지도사
· (현) 한국경영기술지도사회 중소기업 ESG 전문가
· (현) 사회연대은행 청년 일자리 멘토

평가위원이 알려 주는
정부 지원사업

이현구

들어가며

2018년 1월 경영지도사 자격증 취득 이후 약 4년간 컨설턴트, 멘토, 평가위원 등으로 활동하면서, 수많은 정부 지원사업이 있으나 많은 사람들이 잘 몰라 활용하지 못하고 있다는 점을 알게 되었다. 필자는 특히 창업에 도움이 되는 정부 지원사업에 대해 많이 접하게 되었다. 대부분의 창업 지원사업은 창업 후 7년 이내의 기업으로 대상이 한정되어 있다. 이는 「중소기업창업 지원법」에서 '창업자란 중소기업을 창업하는 자와 중소기업을 창업하여 사업을 개시한 날부터 7년이 지나지 아니한 자를 말한다'는 조항에 의거한다. 필자는 예비창업패키지, 초기창업패키지, 재도전성공패키지, 비대면 스타트업육성 사업 등 정부 창업 지원사업의 평가위원 및 운영위원회 참여를 통해 해당 사업에 대한 이해도를 높여 왔다. 또한 창업 지원사업에 지원한 수많은 사업계획서의 서류평가와 발표평가 심사를 통해 합격률이 높은 사업계획서가 어떤 것인지에 대한 노하우를 축적하게 되었다. 본 기회를 통해 2022년 달라진 창업 지원사업을 살펴보고, 사업계획서 작성 팁과 함께 예비·초기창업자들이 알아 두면 좋을 무료 컨설팅 및 멘토링 정보를 공유하고자 한다. 또한 초기창업기업들이 투자유치를 위해 투자자를 만날 수 있는 몇 가지 경로를 공유함으로써 그들의 성장에 도움을 주고자 한다.

◎ 2022년 정부 창업 지원사업, 무엇이 달라졌나?

중소벤처기업부/창업진흥원에서 진행하는 2022년의 주요한 창업 지원사업을 2021년과 비교 정리해 본다. 2022년의 사업 공지 일정은 2021년에 비해 전반적으로 앞당겨졌다. 비대면 스타트업 육성 사업은 4월에서 2월로 당겨졌고, 예비창업패키지, 초기창업패키지, 창업도약패키지도 공고일이 3월말에서 2월말로 각각 변경되었다. 사업계획서 양식이 좀 더 구체화되었고, 6개의 창업중심대학이 새롭게 선정되는 등의 변화가 있었다.

1) 예비창업패키지

예비창업패키지, 초기창업패키지, 창업도약패키지 등 창업진흥원 주관의 사업계획서는 공통적으로 PSST라는 구조를 사용하고 있다. P는 Problem(문제 인식), S는 Solution(실현 가능성), S는 Scale-up(성장 전략), T는 Team(팀 구성)의 약어이다. 2022년 사업계획서는 기존의 PSST 구조는 유지하되 전체적으로 스토리텔링을 강화하여 항목 간 순서를 변경하고 좀 더 구체적인 내용을 제시하도록 했다.

주요 신규(변경) 항목으로는 1-1 창업 아이템 개발 동기에 내적 동기를 포함하고, 1-2 창업 아이템 개발 목적에 개발 동기에서 고려된 문제점에 대한 해결 방안과 목적을 작성하도록 했다. 2-2 창업 아이템의 차별화 방안은 경쟁기업을 조사 분석한 내용을 기반으로 비교 내용 설명 후 차별성을 제시한 후 차별성의 원동력인 보유역량을 작성하도록 했다. 3-1-1 비즈니스 모델 구축은 수익 모델 위주로 작성하게 하고, 3-1-2 목표시장 진출 방안은 내수와 해외의 구분을 진입시장으로 통합했다. 이는 예비창업자 입장에서 초기에 해외시장 진출이 어려운 점을 고려한 것이다. 3-3 자금 소요 및 조달 계획은 지원금 이외에 대응 자금에 대한 구체적 조달 방법도 작성하도록 했다. 4-1과 4-2를 대표자 현황 및 보유역량과 팀 현황 및 보유역량으로 구분하여 팀원 또는 업무 파트너의 역량도 잘 파악할 수 있도록 했다. 상세한 작성 방법은 K-Startup 홈페이지의 2022년 예비창업패키지 공지의 첨부 서류 중 사업계획서 작성 매뉴얼에 잘 소개되어 있으니 꼭 참고해 보는 것이 좋다.

운영 측면에서 선발 방식의 변화가 있었다. 기존 운영 사례를 보면, 수도권이 지방에 비해 상대적으로 경쟁률이 높아, 일부 지원자들은 수도권에 거주하고 있다 하더라도 지방에 있는 주관기관에 지원하는 경우가 종종 있었다. 이런 불균형을 일부 해소하는 차원에서 2022년에는 전국 주관기관별 기본적인 선발 인원을 기존 정원보다 줄인 10~20명으로 1차 선발하도록 하되 경쟁률에 비례하여 추가 선발 인원을 확보할 수 있도록 하였다.

2) 초기창업패키지

초기창업패키지는 2021년에 모집분야를 일반분야와 전략분야로 구분하고 전략분야는 그린 친환경과 그린 에너지로 구분하였다. 2022년에는 전략분야를 그린분야로 명칭을 바꾸고 스마트시티, 스마트제조, 이차전지, 신재생에너지, 전기수소차, 친환경소재 및 자원순환 등 그린 관련 창업 아이템으로 정의하였다. 그리고 신산업을 예시하여 가점 1점을 배정하였는데 이에는 인공지능, 빅데이터, 5G+, 블록체인, 서비스 플랫폼, 실감형 콘텐츠, 지능형 로봇, 시스템 반도체, 자율주행차, 바이오, 의료기기, 기능성 식품, 드론·개인 이동수단, 미래형 선박, 재난/안전과 그린분야의 아이템이 포함된다. 창업을 준비하는 분들은 정부 지원사업에서 중시하는 분야의 트렌드를 잘 살펴볼 필요가 있다.

2022년 사업계획서 양식은 예비창업패키지와 마찬가지로 일부 신설 또는 변경된 항목이 있다. 스토리텔링 기반으로 순서를 변경하고 매출 실현을 위한 준비가 되었는지를 파악하는 것을 가장 중요하게 보고 있다. 초기창업패키지 사업 공지의 첨부 서류 중 사업계획서 작성 매뉴얼을 꼭 참고해야 한다.

신청 절차 중 변경사항으로는 온라인 신청 접수 시 '기업인증' 절차가 신설됨에 따라 사전에 ① 공동인증서 발급 또는 ② SCI(Seoul Credit Rating & Information Inc.) 기업 실명인증 등록을 완료해야 한다. SCI 기업 실명인증은 등록에 수일이 소요될 수 있으므로 마지막 날 급하게 신청하지 말고 미리 챙겨야 할 사항이다.

3) 비대면 스타트업 육성 사업

본 사업은 2021년에 신설된 지원사업으로서 비대면 분야의 유망 창업기업을 발굴하여 창업 사업화 지원을 통해 글로벌 디지털 경제를 선도할 혁신적 기업을 육성하는 것을 목적으로 하고 있다. 사업분야는 비대면 의료, 의료기기, 디지털 혁신 교육, 에듀테크, 온라인 농·식품, 물류, 스마트도시, 해운/수산, 친환경, 융합 미디어, 스포츠, AI, 혁신 창업 아이템 등 13개 분야로 구분하고 있다.

예비창업패키지와 초기창업패키지가 각각 평균 5천만 원, 7천만 원을 지원하는 것에 비해 비대면 스타트업 육성 사업은 최대 1억 5천만 원을 지원하고 평가 점수에 따라 최소 1억 2천만 원 이상의 자금을 지원하므로 혜택이 매우 큰 매력적인 사업이다. 예비창업자부터 창업 후 7년 이내의 창업자 모두 지원할 수 있어서 예비창업패키지 또는 초기창업패키지 지원자들이 비대면 스타트업 사업에도 중복 지원 후 최종 합격 여부에 따라 선택을 하는 경우도 발생한다. 실제 2021년 예비창업패키지에 합격한 예비창업자가 비대면 스타트업 육성 사업에도 합격 후 최종적으로는 지원 금액이 큰 비대면 스타트업 육성 사업을 선택한 경우를 본 적이 있다.

2022년 모집내용에서 중요한 변화는 선발 시 메타버스에 대한 가점 등 중요성을 부가한 점이다. 사업영역에 메타버스 플랫폼, 메타버스 기반 서비스, 체험 기술 등이 포함되는 경우 평가 점수 우대를 하는 분야로는 비대면 의료, 의료기기, 에듀테크, 비대면 스포츠, 인공지능, 혁신 창업 아이템이 있으며, 물류, 스마트도시분야는 메타버스에 대해 평가 점수 우대 및 최종 선정 규모의 20% 이내 선정, 융합 미디어분야는 평가 점수 우대 및 최종 선정 규모의 50% 이내를 선정하도록 했다.

메타버스는 다양한 분야에서 미래 성장 축의 하나로 제시되고 있다. '메타버스 크리에이터' 'NFT 아트 에이전트'가 2021년 미래 유망 신 직업으로 정식 등록된 바 있으며, 메타버스 인재를 양성하기 위해 정부는 2022년 메타버스 융합대학원, 메타버스 아카데미를 신설하기로 하였다. 콘텐츠진흥원의 2022년 지원 정책에도 실감 콘텐츠 제작 지원, 메타버스 활용 패션 마케팅 지원 등 다양한 사업이 포함되어 있다. 메타버스를 사업에 활용하고자 하는 경우, 이러한 정부 지원사업들을 잘 활용하면 좋을 것이다.

4) 창업중심대학

중기부는 2022년 권역별로 창업중심대학 6개 대학을 선정하였는데, 수도권 한양대, 충청권 호서대, 강원권 강원대, 호남권 전북대, 대경권 대구대, 동남권 부산대 이에 해당된다. 6개 창업중심대학은 예비창업패키지, 초기창업패키지, 창업도약패키지를 동시에 주관할 수 있는 기관이 되었고, 창업중심대학의 3가지 지원사업이 4월 19일에 동시에 공지되었다. 지원 규모는 예비창업패키지 240개, 초기창업패키지 150개, 창업도약패키지 120개로 주관기관당 각각 40개, 25개, 20개의 규모이다.

2022년 3월에 마감된 예비창업패키지, 초기창업패키지, 창업도약패키지에 불합격한 창업자들은 창업중심대학에 또 한 번 도전할 수 있는 기회가 주어진 셈이다.

5) 혁신창업스쿨(구 실전창업교육)

혁신창업스쿨은 예비창업자 및 기창업자 중 이종업종 창업예정자를 대상으로 비즈니스 모델 정립, 창업 실무 등 체계적 교육 지원을 통해 준비된 창업자를 양성하는 데 목적을 두고 있는 지원사업이다.

이전에 시행되었던 실전창업교육을 혁신창업스쿨로 명칭을 바꾸어 1기를 모집한다. 상반기 1회, 하반기 1회 각각 1,050명 내외의 교육생을 모집하며, 모집분야는 첨단제조, IT/서비스, 바이오·헬스케어, 아이디어 제품의 4가지로 구성되어 있다.

프로그램은 교육생 모집 후 1단계 1,050명 대상의 온라인 기본교육 1.5개월, 2단계 100명 대상의 온·오프라인 실습교육 2개월, 3단계 10명 대상의 후속 지원 0.5개월의 프로세스를 거친다. 2단계 교육 시 MVP(Minimum Viable Product, 최소요건 제품) 제작 지원 등 5백만 원(자부담 20% 포함)이 지원되며 2단계 교육 수료생에게는 차년도 예비창업패키지 서류 면제의 혜택이 주어진다. 필자의 멘티 중 한 명도 2021년 하반기 실전창업교육에 선발된 후 2단계 교육까지 수료하여 2022년 예비창업패키지 서류 면제의 혜택을 받은 사례가 있다. 3단계의 지원내용에는 투자유치 데모데이 출전권 부여, 주관기관별 우수 교육생 대상으로 최소 1천만 원의 투자가 포함된다. 창업혁신스쿨의 사업계획서는 비교적 간단하며, 창업 아이템 소개, 창업 아이템의 차별성, 국내외 목표 시장, 이미지 등의 항목으로 구성되어 있다.

6) 예비창업패키지 프리스쿨 프로그램

중기부는 2021년에 생애 최초로 창업을 하는 20대 청년들을 대상으로 '생애최초 청년창업 지원사업'을 실시했다. 예비창업자 400명, 초기창업자 100명을 모집하여 예비의 경우 최대 1천만 원, 초기의 경우 최대 2천만 원의 자금을 지원하였다. 또한 상위 10%의 성과 우수자에게는 2022년 예비 또는 초기창업패키지 서류평가 면제의 혜택을 제공하였다.

2022년 예비창업패키지 사업공고에 의하면, 예비창업패키지 일반분야의 주관기관은 '생애최초' 창업자를 위한 '예비창업패키지 프리스쿨 프로그램'을 운영하도록 예정되어 있으며, 6월에 100명을 모집할 계획이다(정식 공고는 6월까지 발표되지 않음). 자금 지원은 5백만 원으로 하고 우수 수료자에게 2023년 예비창업패키지 우대사항의 혜택이 유지될 전망이다.

창업 아이디어를 가지고 있는 예비창업자는 2023년 예비창업패키지에 도전하기 전에 우선 혁신창업스쿨 또는 예비창업패키지 프리스쿨 프로그램에 지원도 검토해 볼 필요가 있다.

7) 청년 아이디어 도전 트랙

소상공인진흥공단이 주관하는 예비창업자 대상의 창업 지원사업은 신사업창업사관학교와 생활혁신형 창업이 대표적이다. 생활혁신형 창업은 2021년을 마지막으로 선정자 신규 발굴을 종료하는 것으로 공지되었다(2022.1.6.). 신사업창업사관학교는 2022년 사업화 지원 금액이 최대 3천만 원(총 사업비 중 현금 20%, 현물 30% 자부담)으로 2021년 2천만 원 대비 증가되었다.

2022년 신설된 '청년 아이디어 도전 트랙'은 만 39세 이하 청년 70명을 선발하여 최대 1천 5백만 원(자부담 50%)의 사업화 지원 금액을 제공한다. BM 고도화 컨설팅, 멘토링, IR 코칭 엑셀러레이팅을 실시하고 교육생 수요에 따라 최대 1백만 원 한도 내 바우처를 사용할 수 있다. 또한 선배 청년 창업자, 강사 초청 강연, 전시회 개최 등 후속 프로그램의 지원이 있다. 직업계 고등학교 재학생도 별도로 30명 선발되는데 이는 한국장학재단이 주관하는 '2022년 청년 창업아이디어 공모전'을 통해 진행된다.

◯ 합격률을 높이는 사업계획서 작성 팁

    필자는 2020년부터 최근까지 다양한 정부 창업 지원사업의 평가위원으로 참여하였다. 평가위원으로서의 경험을 토대로 합격률을 높이는 사업계획서 작성에 대한 팁을 몇 가지 공유하고자 한다.

    첫째, 아이템명과 요약 페이지를 잘 정리해서 해당 내용만 보고도 사업 개요를 충분히 알릴 수 있도록 해야 한다. 평가위원들은 하루에 50개 이상의 사업계획서를 평가해야 하는 경우가 종종 있기 때문에 모든 내용을 상세히 검토할 시간이 부족하므로, 아이템명과 요약에서 사업 개요를 잘 전달하는 것이 중요하다. 이와 더불어 사업계획서 내용 중 중요한 핵심사항에는 글씨 폰트를 강조하거나 눈에 띄는 색을 이용하고, 적절한 이미지나 도표로 도식화하여 가독성을 높이는 것이 좋다.

    2022년 예비창업패키지의 사업계획서 양식에는 아이템명을 쓰는 방법을 '○○기술이 적용된 ○○기능의(혜택을 제공하는) ○○ 제품·서비스' 등으로 친절하게 설명해 주고 있다. 여기에 해당 아이디어의 타깃 고객을 간단히 추가(○○를 위한 또는 ○○에게)하는 것도 검토해 볼 만하다.

    둘째, 나의 잠재고객이 느끼고 있는 불편한 점에서 출발하여 문제점을 발굴하고 이에 대한 근거 데이터도 충분히 활용하여 평가위원으로부터 문제에 대한 공감을 끌어낼 수 있어야 한다. 그리고 이 문제점을 어떻게 해결할 수 있는지 그 해결 방안의 실현 가능성을 구체적으로 기술해야 한다.

셋째, 해결 방안은 경쟁사 대비 경쟁력을 확보할 수 있는 차별화 포인트가 있어야 한다. "이 사업은 세계 최초이므로 경쟁사가 없다"고 이야기하는 창업자가 가끔 있다. 그러나 유사한 사업을 영위 중인 경쟁자 또는 잠재적인 경쟁자까지 고려한 경쟁사 비교표를 작성하여 경쟁 우위의 항목을 잘 설명하고 강조해야 한다.

넷째, 내 상품, 서비스를 구매해 줄 고객을 최우선으로 고려하여 사업계획서를 작성하는 것이 중요하며, 초기 타깃 고객을 가능한 한 좁고 명확하게 설정하는 것이 바람직하다. 본인이 개발한 기술이 훌륭하다는 점만 강조하고, 그 기술을 적용한 상품이나 서비스를 구매할 만한 고객에 대해서는 이해도가 낮은 경우를 가끔 볼 수 있는데 이런 경우는 합격할 확률이 매우 낮다.

다섯째, 팀의 대표 및 팀원이 해당 사업을 수행할 수 있는 역량을 충분히 가지고 있다는 점을 잘 부각하는 것도 중요하다. 대표자의 기존 이력이 사업 아이템과 전혀 무관할 경우, 해당 사업을 성공시킬 수 있을지 의문을 가지게 된다. 그러므로 사업 아이템과 관련된 대표자의 역량을 잘 설명하고 일부 부족한 역량은 팀 구성을 통해 보완할 수 있도록 해야 한다.

사업계획서 발표평가에서 평가위원들이 가장 많이 하는 질문 유형은 다음과 같다.

> -대표님의 상품 또는 서비스를 지금 제가 사야 하는 이유는 뭔가요?
> -경쟁사 대비 차별점이 뭔가요?
> -대표님 또는 팀이 이 사업을 잘 수행하기 위해 어떤 역량을 가지고 있나요?
> -타깃 고객이 구체적으로 어떻게 되나요?
> -수익 모델의 구체적인 내용이 뭔가요?
> -이 사업을 잘 수행하기 위해 정부 지원자금 외에 추가 자금이 필요할 것 같은데 조달 방안은 있는지요?
> -플랫폼 비즈니스의 경우 공급자와 수요자를 각각 어떻게 확보할 예정인가요?

무료 컨설팅·멘토링을 받는 다양한 방법

필자는 중소벤처기업부 비즈니스지원단 현장클리닉 위원, 창업진흥원 예비창업패키지 전담 멘토, 서울 송파구청 마을경영지도사, 경기도 스타트업 플랫폼 전문가, 용인 청년랩 창업상담위원 등 기관 또는 지자체의 창업 지원 플랫폼을 활용하여 컨설팅·멘토링을 수행하고 있다. (예비)창업자가 대부분 무료로 지원을 받을 수 있는 프로그램이지만 잘 모르기 때문에 이용하지 못 하는 경우가 많다. 다양한 기관의 무료 멘토링 사업 소개를 통해 창업자들의 활용에 도움이 되었으면 한다.

1) 중소벤처기업부 비즈니스지원단

중기부 비즈니스지원단은 중소기업 기술 및 경영애로를 해결하기 위해 13개 지방중소벤처기업청 및 5개 사무소(센터)에 배치된 변호사, 노무사, 세무사, 회계사, 관세사, 경영·기술지도사 등 12개 분야의 전문가를 말한다. 크게 전문가상담과 현장클리닉으로 구분하여 운영하고 있는데, 전문가상담은 전화·방문·인터넷 등을 통해 무료로 종합상담을 하는 서비스이며, 현장클리닉은 전문가상담 후 추가적인 현장지도가 필요한 경우, 관련 비즈니스지원단이 직접 기업 현장을 찾아가 최대 7일, 통상 3일간 컨설팅을 해 주는 서비스를 말한다. 현장클리닉의 지원분야는 창업, 경영 전략, 마케팅/디자인, 법무, 금융, 인사 노무, 회계(세무), 수출입, 기술, 특허, 정보화, 생산 관리 등 12개이며 필자는 창업, 경영 전략, 마케팅/디자인분야를 지원하고 있다. 현장클리닉의 구체적인 지원분야 및 지원내용은 다음과 같다.

지원분야	지원내용
창 업	창업절차, 공장설립, 사업타당성 검토, 연구소 설립, 벤처 등록 등
경영전략	경영전략 수립, 환경경영, CSR컨설팅 등
마 케 팅 디 자 인	마케팅 전략, 판매전략, 홍보전략, 시제품 디자인, 패션/의류 디자인, 웹페이지 디자인 등
법 무	법률자문, 상사분쟁, 인수합병, 국제분쟁, 회생·퇴출, 신용회복 등
금 융	정책자금, 환위험 관리, 자금 관리, 금융 및 보증기관 안내 등
인사노무	조직개발, 목표관리, 직무분석, 취업규칙 및 근로계약서 작성 등
회계(세무)	세법 검토, 조세법령 검토, 재무분석, 회계관리, 회계감사 자문 등
수 출 입	원산지 증명, FTA 활용, 바이어 발굴, 수출계약 체결 등
기 술	특허선행기술 조사, 지재권 관리, 해외출원, 우회설계, 기술보호 등
특 허	지재권 관리, 해외출원, 기술보호 등
정 보 화	정보화전략 자문, 정보화기반 구축, 정보화교육, 정보화 융합기술 등
생산관리	기술지도, 품질개선, 원가관리, 작업/공정개선, 스마트공장 추진 등

전문가상담은 무료로 토요일과 공휴일을 제외한 연중 상시로 운영되며, 현장클리닉은 2022년 약 3,000개사를 대상으로 공고일부터 예산 소진 시까지 운영된다. 1일 기준 컨설팅 비용 35만 원 중 80%는 정부지원금으로, 20%는 자부담금으로 구성된다. 부가세는 기업에서 부담하나 부가세 신고 시 환급이 가능하다. 산업위기 대응 특별 지역과 고용위기 지역에 소재한 기업의 부담금은 면제된다. 2022년 2월 기준으로 면제가 가능한 지역은 전남 영암, 목포, 해남, 울산 동구, 경남 거제, 통영, 고성, 창원 진해구, 전북 군산이 해당된다. 2022년 현장클리닉 공고일은 2월 7일이었으며, 2021년도의 경우 예산 소진일은 8월 23일이었다. 현장클리닉을 이용할 경우 예산이 소진되기 전에 상반기에 신청하는 것을 권장한다. 현장클리닉 지원대상은 사업자등록증을 보유한 소기업, 예비창업패키지 접수증 또는 정부기관 교육 이수증을 가지고 있는 예비창업자로 제한되어 있다. 비즈니스지원단 웹사이트 내 상담 사례 및 현장클리닉 사례에 다양한 내용이 담겨 있으므로 창업자의 관심이슈에 따라 사전 참고가 가능할 것이다.

비즈니스지원단 전문가상담 또는 현장클리닉을 신청하고자 하는 경우 웹사이트(https://www.smes.go.kr/bizlink) 또는 본문 QR코드를 스캔하여 회원가입 후 신청하면 된다. 전화상담은 중소기업 통합 콜센터로 국번 없이 1357로 하면 된다.

2) 대한상공회의소 코참경영상담

대한상공회의소 코참경영상담

대한상공회의소 '코참경영상담센터'는 기업의 각종 경영애로를 관련분야의 전문위원을 통해 무료로 상담하고 있다. 상담분야는 창업/경영, 특허, 무역/관세, 인사/노무, 세무/회계, 법률/법무, 계약서 검토 등이다. 계약서 검토는 서울상공회의소 회원사를 대상으로 경영일반, 근로, 무역, MOU(단, 전문분야 용역 및 영문계약서, 10페이지 초과 계약서 제외)에 대한 서비스를 제공하고 있다. 전화 상담 번호는 1600-1572이며, 온라인 상담 신청, 방문 상담 신청이 가능하다. 상담 사례 중 상담내용을 일반 공개로 설정해 놓은 부분이 있으므로 참고 활용이 가능하다. 대한상공회의소 홈페이지(https://www.korcham.net/nCham)에서 행사/교육 카테고리 중 코참경영상담을 클릭하거나 QR코드를 스캔하여 회원가입 후 신청하면 된다.

3) 서울기업·규제지원센터 기업상담

서울기업규제지원센터

서울시 소재 기업의 고충 민원 원스톱 해결과 현장 중심의 다양한 기업 애로 발굴 및 해소를 위해 운영하고 있으며, 창업, 경영, 수출, 판로, 자금, 노무, 세무, 법무 및 각종 규제에 대한 상담을 무료로 제공하고 있다. 일반 상담은 상시로 평일 9시부터 18시까지 자금/융자, 기술/특허, 일자리 지원, 판로/마케팅, 창업/입주, 지식/서비스, 특성화 사업에 대해 진행하고, 내방상담은 요일별 순환으로 평일 13시부터 18시까지 법률/특허, 인사/노무, 경영/창업, 세무/회계, 관세, 소상공인, 기술 특허, 스타트업분야를 진행한다. 현장상담은 기업 요청일에 따라 방문하는데 바이오·의료, 도시제조업, 4차 산업혁명, 디지털기술, 문화콘텐츠, 투자·펀드, 소상공인, 국내외 마케팅분야을 중심으로 진행하고 있다. 규제 애로는 일반규제, 신산업규제, 샌드박스 신청 등 온라인 접수(상시) 및 유선 접수를 통해 진행하고 있다. 상담 관련 문의처는 01-2133-3119이며 서울기업·규제지원센터 홈페이지(https://sbsc.seoul.go.kr/front) 내 '기업상담안내' 또는 QR코드를 참고하여 신청할 수 있다.

홈페이지 내 '기업상담정보'를 클릭하면, '아하! 상담자료'에서 다양한 FAQ를 통해 궁금증을 해소할 수 있으며, '기업상담사례'에서는 기존 기업의 다양한 문의와 답변 내용을 확인할 수 있다.

4) 경기 스타트업 플랫폼 전문가 자문

경기 스타트업 플랫폼

경기 스타트업 플랫폼은 경기도경제과학진흥원에서 예비창업가와 스타트업을 지원하는 플랫폼으로서 무료 멘토링과 교육 프로그램, 투자유치, 보육 공간 등을 지원하고 있다. 전문가 자문을 받으려면 회원가입 후 전문가로 위촉된 195명(2022년) 중에서 본인이 희망하는 분야의 전문가를 선택 후 신청하여 매칭이 되면 오프라인으로 자문을 받게 된다. 회원가입은 14세 이상 대한민국 국민 모두가 가능하고, 예비창업자, 창업 또는 경기도 소재 스타트업에 관심이 있는 자면 가능하다. 스타트업 회원은 회사 설립일이 7년 이내인 경우, 사업자등록증 주소지가 경기도 소재, 업종/업태가 기술 창업인 경우(제조업 부문, 지식집약 서비스 부문)로 규정되어 있다. 전문가 자문 프로그램의 예산이 한정되어 있어 매월 1회에 한해 멘토-멘티 매칭이 가능하며, 월초에 선착순으로 매칭이 마감되고 있다. 참고로 필자는 2021년부터 본 플랫폼에서 사업화/마케팅분야의 전문가로 활동 중이다. 경기 스타트업 플랫폼 홈페이지(https://www.gsp.or.kr) 내 '전문가 자문' 또는 QR코드를 참고하여 신청할 수 있다.

5) 서울창업카페

서울시에는 11개의 창업카페가 운영되고 있다. 대부분의 창업카페에서 무료 멘토링, 교육, 회의실 대관, 제품사진 촬영이 가능한 스튜디오 대관 등의 창업 지원 업무를 하고 있다. 코로나19 이후 멘토링 및 교육이 대부분 온라인으로 실시되어 오프라인 대관 업무는 중단되었으나, 일부 창업카페는 재개관하여 오프라인 활동을 진행하고 있다. 서울창업카페는 해당 지역의 산업기반 특성을 고려하여 운영하기도 있는데, 예를 들어 중랑구에 위치한 상봉점은 패션·봉제 특화 창업 프로그램을 운영한다. 필자는 상봉점에서 2021년 하반기에 아이템 발굴, 비즈니스 모델, 정부 지원사업, 사업계획서 작성, 마케팅 전략 등의 주제로 세 차례의 창업특강 및 마케팅 멘토링을 실시한 바 있다. 대부분의 서울창업카페가 창업 멘토링 기능을 보유하고 있는데, 그 중에서도 천호점은 평일 오후 1시부터 6시까지, 토요일 오전 10시부터 오후 3시까지 상시 멘토링제도를 운영하고 있어 이용에 편리하다. 서울창업카페 11개 리스트는 아래와 같으며, 주변의 창업카페를 잘 활용하면 많은 도움이 될 것이다.

서울창업카페	홈페이지	대표번호
숭실대입구역점	http://ssu.startup-plus.kr	02-828-7477
홍 대 점	www.honghapvalley.org	02-337-1314
신 촌 점	http://sinchon.startup-plus.kr	070-5121-1427
대 학 로 점	http://kstartupcafe.com	02-745-7453
충 무 로 점	http://blog.naver.com/cubestup	02-2279-6608
은 평 불 광 점	http://blog.naver.com/seoul_esc	02-389-7553
천 호 점	www.창업카페천호.com	02-488-6880
양 천 신 정 점	https://ycstartup.co.kr	02-2601-2030
서 초 교 대 점	www.서울창업카페서초교대점.com	070-4185-5491
상 봉 점	www.창업카페상봉.com	02-6953-1570
낙 성 대 점	https://blog.naver.com/startup_nvsc	02-785-1928

6) 서울 송파구 마을경영지도사

송파구 마을경영지도사

　　서울 송파구는 한국경영기술지도사회와 협력을 통해, 국가공인 경영·기술지도사가 관내 중소벤처기업, 소상공인, 자영업자, 창업자들에게 경영·기술상담 및 정부정책 연계 사업을 통하여 경영애로를 해결해 주는 멘토링 프로그램을 무료로 제공하고 있다. 장소는 문정역 테라타워 지하 1층 문정비즈밸리 일자리허브센터(전화: 02-2054-8264)이며, 시간은 매주 금요일 오후 2시부터 5시까지 운영하고 있다.

현재 송파구 마을경영지도사로 마케팅, 생산 관리, 재무 관리, 인적자원 관리, 정보처리 등 다양한 분야에서 28명의 경영지도사가 참여 중이며, 필자는 설립 시기인 2019년부터 지속적으로 활동하고 있다. 상담을 원하는 송파구 기업인들은 송파구 홈페이지(https://www.songpa.go.kr/)에서 '분야별 정보 〉 기업/일자리 〉 중소기업 지원 〉 기업 지원제도 〉 마을경영지도사 무료상담'을 찾아 신청서를 작성하면 된다.

7) 용인청년랩(LAB)

용인청년랩은 용인시 청년 기본 조례에 근거하여 청년의 상호교류 활성화 및 사회참여 확대, 권익의 증진에 이바지함을 목적으로 조성된 공간으로 취업, 창업, 상담, 문화예술 등의 프로그램을 지원하고 있

다. 기흥, 수지, 처인의 세 군데 오프라인 공간을 각각 특색 있게 구성하였는데, 인문학 서재, 공유주방, 공유카페, 세미나실 등이 있으며 공간 대관, 빔프로젝터 임대 등이 가능하다.

용인청년랩은 2021년에 이어 2022년에도 창업상담 프로그램을 4월부터 진행하고 있다. 이용할 수 있는 대상은 만 18~39세 용인시 거주 청년, 용인시 소재 직장인, 용인시 관내 대학생이며, 대면, 비대면 또는 전화상담의 형식으로 상담이 가능하다. 필자는 2021년부터 용인청년랩 창업상담 멘토로 참여하고 있다. 용인청년랩 홈페이지(https://www.yylab.kr)의 '프로그램 > 청년 고민타파 전담 솔루션(창업상담)'에서 신청할 수 있으며, 주요 상담 주제는 창업 전략, 마케팅 전략, 자금 조달 등이다.

8) 소상공인진흥공단 컨설팅 외

소상공인진흥공단은 소상공인 역량강화 사업의 일환으로 '긴급경영 컨설팅'을 지원하고 있는데 분야는 경영, 브랜드·디자인, 법률, 기술, 투자·디지털 전환 등이다. 컨설팅은 1~4일 지원되고 컨설팅 비용은 1일 30만 원에 자부담 10%로 운영되나, 간이과세자, 일반과세자(면세사업자 포함) 중 최근 1년 연매출액 8,000만 원 미만 소상공인, 공고일 기준 창업 1년 미만 창업자 및 예비창업자, LH 희망상가 등은 100% 국비로 지원된다. 이 외에 300만 원의 정부지원금(이 중 20%는 자부담)

혜택을 받을 수 있는 창의육성 컨설팅도 있는데 여기에 신청하기 위해서는 사업계획서 작성이 필수적이다. 필자는 2021년부터 소상공인 역량강화 컨설턴트로도 활동하고 있다. 소상공인 컨설팅 시스템 홈페이지(https://www.sbiz.or.kr/cot/main.do)의 '소상공인 컨설팅 〉나의 컨설팅(지원하기)'를 통해 신청한다. 연간 수시로 신청하는 것은 아니고 일반적으로 상반기와 하반기에 발표되는 공고를 기반으로 신청해야 하며, 권역별 예산 규모에 따라 일찍 마감되기도 한다.

한편, 소상공인진흥공단은 소상공인 역량강화 사업의 일환으로 수출지원 컨설팅도 추진하고 있다. 지원내용은 수출 컨설팅과 수출 바우처의 두 가지로 구분된다. 수출 컨설팅은 2022년 600건 내외 규모로, 연 1회 1개 분야에 최대 2일 국비 100%(60만 원)로 지원되며, 컨설팅분야는 수출 실무, 금융보험, 물류, 마케팅, 법률 등으로 구성된다. 수출 바우처는 2022년 300건 내외 규모로, 연 1회 바우처 비용 400만 원 이내(국비 80%, 자부담 20%)로 지원되며, 지원 항목은 해외 온라인 플랫폼 입점, 조사/컨설팅, 외국어 디자인 개발, 해외규격 인증, 통번역, 해외운송비, 지식재산권, 서류대행 등이다.

기타 주요 대학의 창업지원단, 지자체·지역별 창조경제혁신센터 등에서도 멘토링제도를 운영하고 있다. 예를 들어 전남창조경제혁신센터는 '전남으뜸창업'(https://www.jnstartup.co.kr/)이라는 플랫폼을 통해, 충남창조경제혁신센터는 '충남창업마루나비'(https://ccei_navi.creatorlink.net/)를 통해 멘토링을 운영하고 있다.

○ 투자자를 만나는 방법

창업을 하기 위해서 또는 창업 후 사업 운영 및 확대를 위해 자금 조달은 필수적이다. 자기 자본 외에 초기자금 조달의 원천으로 가장 쉽게 생각할 수 있는 것은 소위 3F(Family, Friend, Fool)로 불리는 가족, 친구, 바보의 도움이다. 바보가 3F의 하나로 포함된다는 것은 그만큼 창업의 성공률이 높지 않다는 점을 시사한다고 볼 수 있다. 두 번째는 은행권 또는 비은행권으로부터 대출을 들 수 있다. 세 번째는 엔젤투자자, 엑셀러레이터(AC, 창업 기획자), 벤처캐피탈(VC) 등으로부터 투자유치를 받는 것이다. 네 번째는 정부 지원사업에 참여하여 지원금을 받아 연구개발비, 인건비, 마케팅비 등에 활용하는 방법이다.

창업 후 3년 이내의 초기창업자는 엔젤투자자 또는 엑셀러레이터로부터 투자유치를 받는 경우가 많은데, 보통 5천만 원에서 1억 원 규모로 이루어진다. 평균 5천만 원의 정부지원금을 받는 예비창업패키지의 경우, 과업 기간 내에 해당 창업자가 본인이 받은 정부지원금을 상회하는 투자유치를 받으면 최우수 졸업 요건 중 하나를 만족하게 되어 초기창업패키지 서류 면제의 혜택까지 누릴 수 있다.

초기창업자 대표들은 투자유치를 받으면 그만큼 회사의 가치를 인정받는 것이므로 투자자를 만나 본인의 사업을 설명하고자 노력한다. 그런데 투자자에 대한 정보가 부족하고, 투자자를 직접 만날 수 있는 경로가 많지 않다. 그러므로 투자자들의 리스트를 알 수 있는 방법 및 공식적으로 IR 사업계획서를 발표할 수 있는 경로를 몇 가지 공유하고 정부지원사업 중 투자유치를 지원하는 프로그램에 대해 소개하고자 한다.

1) 한국엔젤투자협회 엔젤리더스 포럼

한국엔젤투자협회에 의하면 2022년 4월 기준으로 엔젤클럽은 253개, 전문개인투자자는 227명에 달한다. 한국엔젤투자협회에서는 매월 엔젤리더스포럼을 개최하여 스타트업에게 IR 사업계획서 발표를 통해 투자자를 만날 수 있는 기회를 제공하고 있다.

일반적으로 매월 둘째 주 월요일 오후 4시~5시 반에 개최되며, 일정은 상황에 따라 일부 변경이 된다. 매월 약 5개의 스타트업이 출전하며, 투자자의 투자 사례 및 경험 공유 등 교육 세션이 프로그램에 포함되어 있다. 코로나19 이전에는 역삼역 인근에 위치한 팁스타운 빌딩 지하에서 오프라인으로 행사를 개최하다가 온라인으로 변경이 되었다. 사전신청 또는 한국엔젤투자협회 유튜브를 구독하면 별도 신청 없이 실시간 생중계 참관이 가능하다. 머지않아 다시 오프라인 행사로 모여 실제 얼굴을 보고 명함도 공유하며 네트워킹할 수 있는 날이 오기를 기대해 본다.

엔젤투자지원센터 홈페이지(https://www.kban.or.kr) 내 '벤처투자마트'는 엔젤 및 VC 투자유치를 위한 초기창업기업·중소기업-투자자 간

상담회 개최를 통해 기업에게는 투자유치 기회를, 투자자는 기업발굴 통로의 역할을 하는 프로그램이다. 매월 1일부터 10일까지 투자유치 희망기업을 선착순으로 접수하여, 투자자-기업 간 상담회 운영 및 사업계획서 작성법 등 기업의 투자유치 역량강화를 위한 컨설팅을 진행한다. 또한 '행사영상자료'에는 기존 엔젤리더스포럼의 녹화 영상, 투자관련 교육 영상 등 스타트업에게 도움이 될 만한 많은 정보를 담고 있다.

2) 디캠프 디데이(D-Camp D.Day)

디캠프(D-Camp)는 은행권청년창업재단이 2013년에 설립하여 운영하고 있는 복합 창업 생태계 허브로서 '투자' '공간' '네트워크'의 3대 요소를 유기적으로 연결하여 다양한 창업 생태계 지원 활동을 수행하고 있다. 디데이는 디캠프의 데모데이 프로그램으로 스타트업의 IR 발표, 네트워킹, 투자유치 기회의 장으로 활용되고 있다.

일반적으로 매월 마지막 주 목요일 저녁 6시에 데모데이 행사를 운영하고 있으며 5~6개 스타트업이 출전하여 우승 팀을 선정한다. 데모데이 지원조건은 구체적인 사업 계획을 가진 예비창업팀, 시제품(서비스) 출시가 임박한 초기 스타트업, 사업을 진행 중이며 투자유치를 위한 IR을 준비 중인 스타트업이 해당된다.

2022년 2분기 계획을 보면, 4월은 지역 리그, 5월 D-Camp 어벤져스, 6월 캠퍼스 리그 등 일정별로 분야를 특화하여 운영하기도 한다. 신청 방법은 디캠프 홈페이지에서 온라인 신청 후 서류 심사, 인터뷰 심사를 거쳐 5개사 내외의 팀이 최종 선발된다. 디캠프는 2022년 4월 28일 부산유라시아플랫폼에 '디캠프 스타트업 라운지 부산' 개소식을 하면서 지역 진출의 신호탄을 올렸다.

디데이 발표팀으로 선정된 스타트업에게는 D-Camp 입주 기회(선릉 디캠프, 마포 프론트원), 최대 3억의 투자유치 기회, 엑셀러레이팅 교육 기회가 주어진다. 또는 외부기관에서 주최하는 데모데이 프로그램에 디캠프가 심사에 참여하고 선발팀 일부에게 디데이 출전 혜택을 프리패스로 부여하는 Pre-D.Day 지원 방식도 있다.

디캠프 홈페이지(https://dcamp.kr/event/21917)에 의하면 2021년까지 디데이는 92회를 개최하였는데, 6,000개 기업이 신청하여 24.3대의 경쟁률로 489개 팀이 출전 기회를 얻었으며, 직접 투자 금액 186억 원으로 144개의 투자를 진행했다.

디캠프는 창업자를 위한 투자, 마케팅, 기술 등에 대한 멘토링 프로그램인 '오피스 아워(Office Hours)'도 진행하고 있으므로 활용하면 도움을 받을 수 있을 것이다.

3) 넥스트유니콘

넥스트유니콘은 스타트업과 투자자를 빠르고 쉽게 연결해 주는 온라인 플랫폼으로, '하프스'라고 하는 테크 스타트업이 운영하고 있다. 2022년 4월 기준, 넥스트유니콘을 이용 중인 스타트업은 10,504개, 투자기관은 1,053개이며 스타트업이 보낸 IR 자료 검토 요청은 7,945개, 전문투자자가 보낸 IR 자료 요청 건수는 17,431개에 달한다.

스타트업 입장에서 이용 프로세스는 ① 무료로 기업 프로필 등록하기, ② 전문투자자에게 먼저 IR 자료 요청하기, ③ 전문투자자에게 검토 요청 보내기의 3단계로 구성되는데 3단계 서비스는 유료로 티켓 구매 후 이용이 가능하다. 1명의 전문투자자에게 검토 요청을 보낼 때 1장의 티켓(55,000원)이 필요하며, 3장, 5장, 10장 등 복수 구매 시 할인을 하는 방식으로 4가지 서비스를 운영하고 있다.

이 외에 요즘 뜨는 테마(예: 아트테크, NFT, 마이데이터 등)와 테마별 스타트업, 최근 신규 투자유치를 받은 스타트업 등 주목을 받고 있는 스타트업의 정보를 확인할 수 있다. 초기창업자 입장에서는 내 분야의 경쟁사 현황과 비즈니스 모델 등을 비교해 볼 수 있는 기회로도 활용할 수 있을 것이다. 넥스트유니콘에서 활동 중인 투자자가 가장 많이 검토를 진행한 스타트업 트렌드 랭킹에 의하면, 비즈니스분야 Top 5는 ① 플랫폼/메타버스, ② 솔루션/SasS/보안, ③ 콘텐츠 제작/관리, ④ 의료/약, ⑤ 기계/제조/반도체 순이다. 넥스트유니콘의 홈페이지(www.nextunicorn.kr)에서 더 자세한 내용 확인이 가능하다.

4) 투자유치 관련 정부 지원사업

　정부 지원사업 중 투자유치를 지원해 주는 사업도 많이 있다. IR 사업계획서 작성에 대한 교육 및 멘토링, 데모데이 참가를 통해 직접 투자자를 만날 수 있는 기회 제공이 해당된다. K-Startup 또는 기업마당 홈페이지에서 엑셀러레이팅, 투자유치, IR, 피칭, 데모데이 등의 키워드로 검색해 보면, 해당 사업에 대한 정보를 찾아볼 수 있다.

　기타 스타트업 투자 동향을 알아볼 수 있는 경로로 '스타트업 레시피'(https://startuprecipe.co.kr/)에서는 국내외 스타트업 투자 정보, 뉴스레터 등을 무료로 구독하여 볼 수 있다.

　그리고 더브이씨(https://thevc.kr/, 한국 스타트업 투자 데이터베이스)에서는 주간/월간/연간 단위로 투자유치 랭킹(투자금액 순), 투자집행 랭킹(투자 건수 순), 일간/주간/월간 단위로 스타트업 랭킹(조회 수 순), 엑셀러레이터 랭킹(조회 수 순) 등을 알 수 있다. 또한 기술, 비즈니스 형태, 제품/서비스 형태별로 검색하여 해당분야 카테고리의 유사 업체 정보 및 투자유치 현황을 확인해 볼 수 있다.

　엑셀러레이터에 대한 정보를 찾는 방법 중 하나로 K-Startup 창업 지원 포탈의 '사업 소개 〉 멘토링·컨설팅 내 창업기획자〔엑셀러레이터〕 정보 및 등록제도 안내 〉 등록 현황'에 보면 2022년 2월말 기준 총 366개사의 법인명, 대표자명, 본사 소재지, 전문분야, 등록번호를 알 수 있고, 해당 페이지에 연결된 홈페이지 링크를 통해 상세 정보를 알 수 있다. 또한 창업기획자 전자공시(http://diaa.kised.or.kr/) 시스템의 정기공시 등을 통해서도 엑셀러레이터의 현황을 확인할 수 있다.

필자는 현재 엑셀러레이터인 ㈜집현전 인베스트먼트에 심사역으로 참여하고 있다. 집현전은 UC버클리의 창업교육과 IR 사업계획서 멘토링, IR 데모데이를 통해 우수 창업기업을 선발 후 실리콘밸리 현지 투자자와 매칭하여 미국 진출을 지원하는 프로그램을 개발하여 운영 중인데, 2021년 하반기 울산 테크노파크에서 10개 창업기업을 선정하여 해당 프로그램을 진행한 바 있다.

초기창업자가 투자유치를 위해 전문투자자를 만나기 위해서 전혀 알지 못하는 엑셀러레이터나 VC의 이메일로 투자 요청을 의뢰하는 소위 콜드메일(Cold Mail)을 보내는 것보다는 위에서 소개한 다양한 경로를 통해 IR 사업계획서를 보완하고 나에게 적합한 투자자를 찾아보는 방식으로 접근하는 것이 좋을 것으로 생각된다.

참고문헌

- K-Startup: www.k-startup.go.kr
- 중소벤처기업부 공고 제2022-203호, 2022년도 혁신창업스쿨(舊 실전창업교육) 1기 교육생 모집 공고(연장 등)
- 기업마당: www.bizinfo.go.kr
- 중기부 비즈니스지원단: https://www.smes.go.kr/bizlink
- 대한상공회의소: https://www.korcham.net/nCham
- 서울기업·규제지원센터: https://sbsc.seoul.go.kr/front
- 경기스타트업플랫폼: https://www.gsp.or.kr
- 송파구: https://www.songpa.go.kr/
- 용인청년랩: https://www.yylab.kr
- 소상공인컨설팅시스템: https://www.sbiz.or.kr/cot/main.do
- 엔젤투자지원센터: www.kban.or.kr
- 디캠프: https://dcamp.kr/event/21917
- 스타트업 레시피: https://startuprecipe.co.kr
- 창업기획자 전자공시: http://diaa.kised.or.kr
- 비상경제 중앙대책본부 21-51, 미래유망 발굴 및 활성화방안 (2021.12.30., 관계부처 합동)
- 『신중년 도전과 열정 2021』, 김영기 외, 브레인플랫폼, 2021.

저자소개

이현구 LEE HYEON KOO

학력
· 호서대 벤처대학원 정보경영학 박사 졸업
· 한국방송통신대 경영대학원 경영학 석사 졸업
· 서울대 환경대학원 환경계획학 석사 졸업
· 연세대 경영학 학사 졸업

주요 경력
· (현) 강남대 산학협력단 부교수
· (현) 집현전 인베스트먼트 심사역
· (현) 서울경영지도사협동조합 수석컨설턴트
· (현) 중기부 비즈니스지원단 현장클리닉 위원
· (현) 창업진흥원 전담멘토/평가위원
· (현) 용인청년LAB 창업상담 멘토
· (현) 경기스타트업플랫폼 전문가
· (현) 서울 송파구청 일자리위원회 위원/마을경영지도사
· (현) 휴넷 탤런트뱅크 전문가
· (현) 한국서비스품질 우수기업인증 평가위원

- (현) 농어촌산업유통진흥원 부회장
- (현) 관광두레 컨설턴트
- (현) 광주AI무등멘토단
- (현) 한국경영기술지도사회 중소기업ESG경영지원단
- (현) 가족친화인증 심사원
- (현) 소상공인진흥공단 역량강화 컨설턴트
- (현) 소상공인진흥공단 경영개선 재창업 사업화 전문 컨설턴트
- (현) 경기도 소상공인 재창업 지원사업 전문 컨설턴트
- (전) 삼성전자 글로벌마케팅실, 무선 전략마케팅실
- (전) 삼성자동차 전략기획실
- (전) 삼성경제연구소 컨설팅실
- (전) 기아자동차 마케팅부

자격사항

- 경영지도사
- 창업보육전문매니저
- CMC(국제공인경영컨설턴트)
- 인공지능산업컨설턴트
- 데이터분석 준전문가
- SNS마케팅전문가 1급
- 메타버스 전문가 1급
- 진로지도사 1급
- 심리상담사 1급

저서

- 『신중년 도전과 열정 2021』, 김영기 외, 브레인플랫폼, 2021.

스케일업(Scale-Up) 촉진을 위한 정책자금 활용 전략

이승관

◯ 정책자금 현황과 활용의 필요성

　우리나라를 포함한 세계 각국 정부에서 창업기업, 중소벤처기업의 고성장, 이른바 스케일업(Scale-Up) 활성화는 중요한 정책 방향이 되었으며 스케일업 촉진을 위한 정책자금을 비롯한 자금 공급은 필수적이다. 영국의 Scale-Up Institute와 Business Growth Fund(BGF) 구성, EU의 Scale Up Manifesto와 Endeavor.org, 덴마크의 Danish Growth House 등이 각국의 스케일업 지원 정책자금 지원 사례이다. 우리나라의 정책자금이란 정부의 정책에 의해서 주는 자금이라고 할 수 있다. 정부가 정책적으로 창업을 장려하기 위하여 정부 재정이나 지자체 및 기타 다른 방법으로 조성된 자금을 (예비)창업자 또는 중소기업을 대상으로 지원 사업을 행하는 제도를 말하며 일반적으로 무료 지원 또는 금융기관 자금에 비하여 금리, 담보 조건, 기간 등에서 유리한 융자 및 펀드 출자 등을 통한 투자 형식을 취하며, 형태는 크게 4가지(지원자금, 출연자금, 융자자금, 투자자금)로 구분할 수 있다.

　중소기업은 좋은 기술로 세계화를 달성하여 기업 기술가치를 제고하는 데 목적이 있다. 정부는 중소기업 대표를 도와주려고 하고 있다. 고용 창출과 연구개발에 성과가 도출되기를 바라고 있다. 이에 대해 정부는 정책자금을 통하여 중소기업을 지원하려고 하고 있으나 아직도 많은 중소기업은 정책자금의 활용법에 대해 잘 모르는 경우가 있다. 중소기업에 도움이 되는 회사의 가치를 올릴 수 있는 자금 등에 대한 정책자금의 계획과 운영을 아는 것이 중요하다.

　기업이 원자재의 구매, 생산 판매 활동 등 기업의 운영에 소요되는 운전자금 필요 시 기업의 금융 비용을 절감해 주기 위해 정부에서 저금리로 지원하는 정부 정책자금이다. 신용보증기금, 중소기업진흥공단 등을 통해 정책자금을 지급하고 있다. 우선 회사 설립년도에 대해 알고 있어야 한다. 창업 후 3년 미만이 가장 좋은 시기이며 이후 7년 후이면 정부 평가기관에서는 자금지급을 잘 안 해 준다.

　매년 1월에 자금이 소진되면 2월 중순경에 가장 많은 자금이 지원된다. 공무원의 인사이동이 2월 중에 있는 특수한 시기라는 점을 감안해야 한다. 신용보증기금, 기술보증기금, 중소기업진흥공단의 성격은 대출해 주는 기관은 보증서를 발급하는 보증기관, 은행 성격이 다 다르다. 그러나 정부는 서류만 완벽하면 정책자금 지원받는 데 문제가 없다. 중소기업진흥공단과 소상공인시장활성화공단의 경우는 직접대출 형태의 지원이며 금리가 낮다. 단점은 공무원의 경우는 상환기관이 타이트한 점을 유의해야 한다. 공무원은 서류가 완벽한 것을 중시한다. 그러나 기보나 신보는 공공기관의 성격이 있어 공무원과 사기업의 성격을 갖고 있어 둘 다 만족시켜야 한다. 공무원의 서류도 다 맞추어야 하고 사기업인 은행과 같이 수익도 맞춰야 한다. 은행의 경우는 은행 지점장 등의 전결권이 있는 바 이에 대한 특수한 고려를 해야 한다.

　보증기관의 상담을 받고 반려시킨 후 되돌아오는 경우가 있는데 이 경우는 원인을 파악하여 대응해야 한다. 예를 들어 5년 전에 대출을 받고 2년 전에 지점장이 새로 부임 시 기존 고객의 실적 인정이 안 되므로, 이런 상황을 고려하여 이 회사에 더 조언을 하기보다는 다른 은행에 보내거나 특수한 상황을 감안해야 한다. 신용보증기금이나 중소벤처기업진흥공단의 경우는 회사의 재무제표, 대표이사의 신용과 대표이사의 특허 등 기술력, 영업력을 평가하며, 이를 종합적으로 평가해서 기보, 신보담당자의 평가에 의해 인적요인이 반영될 수 있으므로 공무원이 아니나 KPI를 채울 수 있는 경우는 잘해 주고 미흡하면 우선순위에서 밀릴 수 있다. 또한 정책자금의 정책클러스터형으로 협업 모델 생태계로 활성화시키기 위한 방안으로 벤처캐피탈과 은행의 협업 확대를 위한 마중물 역할을 한다. 벤처대출 초기 시장조성 및 활성화를 통해 벤처캐피탈과 은행권의 협업을 유도할 수 있는 정책자금(모태펀드와 정책보증)의 활용을 통한 벤처대출의 초기 도입을 고려해 볼 필요도 있다.

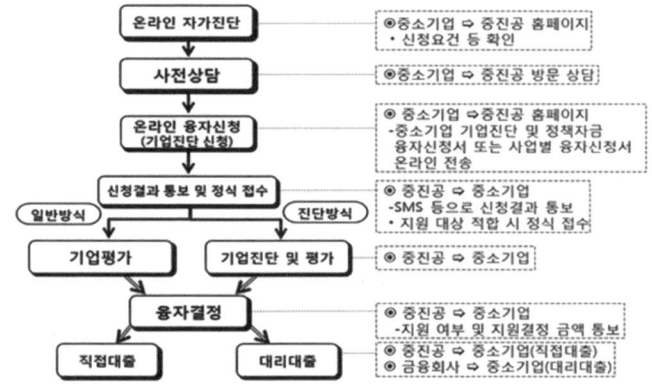

중소벤처기업진흥공단 정책자금 융자 흐름도

출처: 비전플러스, 기업체질 개선과 정책자금 활용 전략 #5- 중소기업진흥공단 정책자금

기관에서 근무하는 관계자도 인적요소에 의한 자금 지원 의사결정이 있으므로 이러한 관계를 잘 고려해야 한다. 전산을 통해 자료를 입력하도록 하여 기본 신용상태에 대해 기본요건에 대한 자료 입력 시 대응해야 한다. 담당자가 반려한 이유에 대해 고민을 하고 대응하는 것이 필요하다.

중소벤처기업진흥공단의 정책자금 융자대상은 「중소기업기본법」상의 중소기업으로 각 사업별 정책자금 융자 계획에서 규정하고, 주된 사업의 업종이 융자제외 대상 업종에 해당하지 않는 기업으로 다음의 전략산업을 영위하는 기업에 대해서는 연간 예산의 일정 부분을 우선 배정하여 지원한다. 전략 산업에는 미래 성장동력 산업, 뿌리 산업, 소재·부품 산업, 지역 전략·연고 산업, 지식서비스 산업, 문화콘텐츠 산업, 바이오 산업, 융··복합 및 프랜차이즈 산업, 물류 산업 등이 있다. R&D 지원사업은 기업의 신기술, 신제품 개발 및 제품, 공정 혁신 등에 소요되는 기술개발 관련 비용을 지원하여 기업의 기술경쟁력 향상을 도모하기 위한 지원사업으로 과학기술정보통신부, 중소벤처기업부 등 여러 부처에서 시행되고 있다.

융자대상 결정 절차 관련해서 기업평가는 기술성, 사업성, 미래 성장성, 경영 능력, 사업 계획 타당성 등을 종합평가하여 기업평가 등급을 산정한다. 단, 청년전용 창업자금 대출은 별도 기준으로 운영된다. R&D 지원사업의 경우 각 부처 및 산하기관, 지자체, 진흥원 등 다양한 기관에서 운영되고 있으며, 지원사업별 지원자격, 규모, 신청 조건 등

요건에 따라서 R&D 지원사업에 신청할 의사가 있는 기업의 경우 우선적으로 개발 과제에 대한 확실한 내용을 수립하고 기업의 규모, 과제의 성격, 자격 요건 등을 면밀하게 검토하여 적합한 지원사업을 선정하는 것이 가장 중요한 요소라고 할 수 있다.

아울러, 기업의 기술경쟁력 향상을 위해 R&D 지원사업의 예산뿐 아니라 기술 금융에 대한 지원 및 예산 또한 지속적으로 증가하고 있어 기술력과 개발 역량이 있는 기업들은 해당 지원사업 및 금융 지원을 활용할 수 있는 기회가 그만큼 늘어난다고 할 수 있다. R&D 지원금은 상환 의무가 없는 자금으로 R&D 지원사업에 참여하여 성공 판정을 받을 경우 기업 입장에서는 영업 이익의 실현과 같은 효과가 있어 재무구조가 개선되는 이점이 있으며, 무엇보다 연구개발에 필요한 자금을 정부로부터 지원받음으로써 연구개발에 고도의 역량을 집중할 수 있고, 안정적인 경영 활동을 이어 갈 수 있는 특장점이 있다. R&D 프로젝트 투자조합의 프로젝트 투자 방안을 활용하여 R&D 프로젝트의 사업화를 통한 투자유치를 활용하는 기술사업화 방안도 정책자금 활용의 방안이 될 수 있다.

R&D 프로젝트 투자조합의 프로젝트 투자 방안

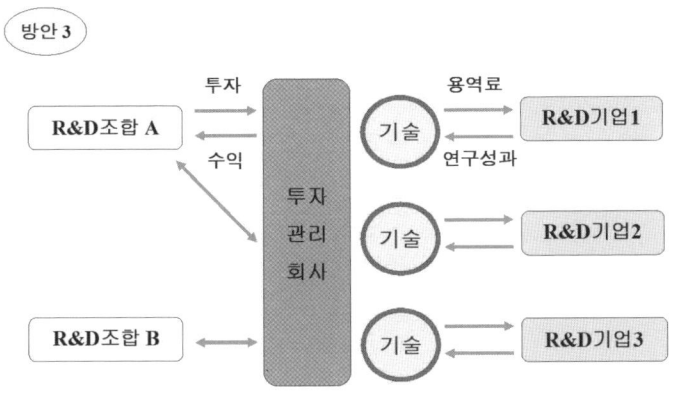

투자자가 개발된 기술의 소유권을 보유하는 형태의 프로젝트 투자의 경우 연구개발투자관리회사를 이용하는 방법도 있다. 특히 창업투자조합의 경우는 관리인력 보유, 세금 및 회계처리의 문제로 인해 직접 보유 기술을 임대 또는 매각이 현실적으로 불가능하다. 이와 같은 문제는 연구개발 투자관리회사를 이용함으로써 해소될 수 있다. 즉 창업투자조합과 같은 투자자는 연구개발 투자관리회사와 프로젝트 투자계약을 맺고 투자를 하며, 연구개발 투자관리회사는 다시 연구개발회사와 연구용역 계약을 맺고 용역비를 지급한다. 이때, 개발된 기술은 투자관리회사의 소유가 되는데 연구개발회사는 연구용역계약 시 개발된 기술에 대한 배타적 사용권이나 우선매수권을 행사할 수 있도록 함으로써 자신이 개발된 기술을 이용할 수 있도록 한다. 정책자금 이외 중소기업의 자금 조달 활성화 노력도 필요하다. 간접 금융 활성화의 한 방안으로 중소기업 지원자금 마련을 위해서는 해외자금 조달 운영사례를 참고하여 자금 조달의 노력도 필요하다.

요즈마그룹은 이스라엘 최초의 벤처캐피털로 ㈜비엠텍월드와이드에 100억 원을 투자, 글로벌 의료기기 제조 전문기업으로 키우기로 결정했다.

출처:「산경일보」http://www.sankyungilbo.com

정책자금 지원의 역할과 효과성

정책자금은 국가 또는 자치단체가 특정 부문을 집중적으로 육성하기 위해 상대적으로 유리한 조건으로 자금을 지원해 주는 공적자금 공급 기능을 수행한다. 민간 금융 자금 조달이 어려우나 기술성과 사업성이 우수한 창업초기기업 등에 중점 지원을 통하여 생산파급효과와 고용흡수력이 높은 혁신 성장분야를 집중 육성한다. 경제의 희소한 자원인 자금을 특정 부문에 대해 금리 등 융자조건이나 가용성 측면에서 민간 자금보다 유리하게 공급하여 중소기업 자금 조달의 활로를 마련하여 선순환 경제순환구조를 조성하는 데 그 목적이 있다. 따라서 정책자금은 이론적으로 시장실패(Market Failure)를 보완하는 공공재적 기능과 실제적으로 유리한 융자조건을 제공하는 보조금적 성격을 동시에 보유하여 규모의 영세성으로 인해 금융 지원의 어려움에 있는 창업기업과 중소벤처기업을 대상으로 정책자금의 지원 필요성이 높아지고 있다.

산업 정책 차원에서 특정 산업을 육성하기 위한 정책목표 달성수단이 필요한 바, 중소기업은 일자리 창출, 신기술개발 등의 분야에서 중요한 역할을 수행한다는 점에서 산업 정책의 한 부분으로서 정부의 정책자금 지원이 필요하며, 자치단체에서도 일반회계예산으로 기금을 설치해 중소기업을 지원하여 정부가 세금으로 공공재가 아닌 민간기업을 지원하는 경제 정책은 '낙수효과이론(Trickle-down Theory)'에 기반한다.

정책자금 지원의 제도적 근거로는「중소기업기본법」제18조의 2항(중소기업 육성을 위한 지원과 투자)[01], 제19조(금융 및 세제 조치)[02]의 정책자금 지원의 근거를 확보한다. 주요 정책자금 지원사업분야로는 혁신창업 사업화자금(창업 기반 지원자금, 일자리 창출 촉진자금, 개발기술 사업화자금, 미래기술 육성자금, 고성장 촉진자금), 투융자 복합자금(성장공유형대출, 스케일업 금융), 신시장진출 지원자금(내수기업 수출기업화자금, 수출기업글

---

01) 제18조의 2항(중소기업 육성을 위한 지원과 투자)
① 정부는 중소기업을 육성하는 데에 필요한 재원을 지속적이고 안정적으로 확보해야 한다.
② 정부는 중소기업 육성을 위한 지원과 투자를 지속적으로 확대하도록 노력하여야 한다.

02) 제91조(금융 및 세제 조치)
① 정부는 중소기업자에 대한 자금 공급을 원활히 하기 위하여 재정 및 금융자금 공급의 적정화와 신용보증제도의 확립 등 필요한 시책을 실시해야 한다.
② 정부는 중소기업시책을 효율적으로 실시하기 위하여 조세에 관한 법률에서 정하는 바에 따라 세제상의 지원을 할 수 있다.

로벌화자금), 신성장 기반자금(혁신 성장 지원자금, 제조현장 스마트화자금, New-Zero 유망기업자금), 재도약 지원자금(사업전환, 무역조정자금, 구조개선 전용자금, 재창업자금), 긴급 경영안전자금(재해 중소기업 지원, 일시적 경영애로) 등이 있다.

또한 정책자금 융자 제한대상에 대한 사항 중 참고해야 할 내용으로는 최근 5년간 정책자금을 3회 이상 지원받은 기업과 정책자금 융자 제외 대상 업종을 영위하는 기업 등에 대한 제한사항도 참고하여야 한다.

또한 정책자금 지원이 없는 바우처형 정부 지원사업의 전략적 활용도 필요한 바, 정부 지원사업 내용 중 선발된 아이템에 대하여 개발비와 인건비를 현금으로 지원하는 사업과 현금이 아닌 서비스를 직접 제공하는 방식으로 지원 방식이 나뉜다. 서비스를 제공하는 대표적인 지원사업으로는 입주 지원사업, 특허 출원 지원사업, 해외 인큐베이팅 지원사업, 컨설팅 지원사업, 테스트 지원사업, 채용 지원사업 등이 있다.

정책자금의 성장 단계별 활용 전략

중소기업 정책자금은 일반적으로 기업 성장 단계별 특성과 정책 목적에 따라 6개 세부자금으로 구분하여 운영하는 바 정책자금 역량강화를 위해서는 중소기업 현황을 진단하여 소요되는 정책자금에 대한 자가진단 및 컨설팅 등을 통하여 효과적인 정책자금을 활용하는 전략이 필요하며 필요에 따라서는 중소기업에서 기술개발 및 사업화에 필요한 인증과 활용 전략을 사용하는 것이 필요하다.

정책자금 성장 단계별 지원 방향 및 지원사업 현황

구분	창업기	성장기	재도약기
지원 방향	창업 및 시장 진입 성장 단계 디딤돌	성장 단계 진입 및 지속성장	재무구조개선 정상화/퇴출/재창업
지원 사업	**혁신창업 사업화** -창업기반 지원 -일자리 창출 촉진 -미래기술 육성 -고성장 촉진 -개발기술 사업화	**신성장 기반** -혁신 성장 지원 -Net-Zero 유망기업 지원 -제조현장 스마트화 **투융자 복합 금융** -성장공유형 -스케일업 금융 **신시장진출 지원자금** -내수기업의 수출기업화 -수출기업의 글로벌기업화	**재도약 지원** -사업 전환(무역조정) -재창업 -구조개선 전용
	긴급 경영안정자금- 일시적 애로 및 재해/일반 경영안정 지원		

출처: 중소벤처기업진흥공단

정부는 기업 맞춤 R&D 전략 기반 하에 약 30조 R&D 자금 규모를 지원하고 있다. 정책자금과 금융자금의 차이에 대한 이해도 필요하다. 특허, 지식재산권, 기업의 재무상태, 벤처 확인 및 이노비즈 확인 등에 따른 정책자금을 잘 받는 방법은 기업평가 시 부채비율이 높으면 부정적인 원인이라면 융자받는 데 어려움이 있다. 미지급금이 많고 가수금이 많으면 융자받는 데 어려움이 있다. 신용평가의 중요성이다.

대표자와 심사자가 대화하는 시간은 짧은 바, 짧은 시간에 정책자금의 신청의 필요성에 대해 효율적으로 시간을 안배하는 것이 중요하다. 중소기업 정책자금 융자 계획 공고내용을 검토하는 것이 필요하다. 기술 사업성이 우수 중소기업에 장기저리의 자금을 공급하여 중소기업의 성장을 촉진하는 데 있다. 소상공인, 정보통신, 소프트웨어, 친환경 산업 관련 업종이 해당된다. 소상공인의 경우는 중소기업 정책자금 등의 활용도 가능하므로 정책자금의 내용을 자세히 보고 판단하는 것이 필요하다. 지원 공통사항은 담보 제공이며 운영자금은 신용으로 대부분 지원된다. 재료비, 인건비 등의 경영 활동을 지원한다.

절차는 온라인상담 예약, 평가 등의 순으로 진행되므로 가급적 사전에 준비하여 신속하게 정부 정책자금을 활용하는 것이 좋다. 접수 시작 후 마감되는 경우가 많으므로 사전에 예약과 진행이 필요하다. '자금 심사를 받으세요.' 하고 회신이 되면 온라인 접수 및 진행이 된다. 최근에는 코로나 19로 비대면심사가 많은 점을 감안하여 진행하면 된다. 휴·폐업, 세금체납, 융자대상 제외 업종 등은 지원이 되지 않으므로 이 점을 유의해야 한다. 업력이 8년이 지난 기업은 융자 제한이 될 수 있으므로 유의해야 한다. 업력과 요건 등에 대해 지원요건에 부합되는지에 대해 사전에 충분히 검토한 후 진행해야 한다.

창업기업의 경우 지속적으로 성장할 수 있도록 연차별로 지원하는 정책자금이 있으므로 성장 단계에 이르기까지 정책자금을 적극 활용할 필요가 있다. 창업지원금은 보조금 형태로, 정부 R&D 자금은 출연자금 형태로 지급된다. 융자 정책자금은 시설비나 운영자금을 대출해 주는 형태로 지급한다. 단 R&D 자금은 사업이 성공하여 목표 매출이 발생되었을 때 사업화별로 차이가 있지만 3~5%씩 5년간 분할상환해야 한다. 정부에서 받은 융자 정책자금은 개인의 신용에 따라 다르지만 정부에서 이자를 보조해 주어 시중 은행보다 이자가 저렴하고 상환 기간이 길어 안정적이다.

보유 특허, 기술, 제작하고자 하는 콘텐츠 등을 갖고 지원받는 제도가 있으므로 활용하는 것이 필요하다. 기술연구소 설립 등에 따른 인적요건, 물적요건 등을 활용하여 정책자금을 활용하는 것이 필요하다. 기술연구소 설립 이후 세액공제 등을 수혜 받는 방법도 있다. 연구소를 설립하고자 하는 경우 그 목적이 연구개발 활동을 촉진하는 데 있다는 점을 감안하여 설립조건 및 요건 등에 대해 대비가 필요하다. 연구요원은 연구 활동을 하고 대표이사의 연구원 겸직은 안 된다. 연구원이 연구원 활동과 관련된 기본 준수사항으로 회사지분의 10%이상을 보유한 연구원은 되지 않는다.

인증제도는 각 기업의 목적 및 활용에 따라 활용하는 것이 필요하다. 정부지원금 사업계획서 작성을 위해서는 첫째, 제목을 먼저 정하는 것이 중요하다. 한 줄 제목에서 성공과 실패가 결정된다. 둘째, 설득력 있는 뉴스, 정보를 정리하고 무엇을 해결하고 싶은지를 제시한다. 셋째, 한글(HWP) 제안요청서 목차대로, 발표자료(PPT)를 먼저 만드는 것이 필요하다. 넷째, 발표자료에 맞게 핵심내용을 이미지화 또는 도표화한다. 다섯째, 이미지와 도표를 사업계획서에 적절하게 배치하여 보기 편하게 한다. 여섯째, 사업신청서 내용에 밑줄과 볼드(Bold)체를 적절히 사용한다. 추가하여 한 페이지에 도면 또는 사진을 1개 이상 사용하는 것이 중요하다.

    정책자금과 별도로 사업자금을 마련하는 방법을 활용하는 것도 필요하다. 사업을 하는 데 우선적으로 필요한 것은 바로 사업자금, 즉 돈이다. 사업자금을 마련하는 방법에는 저축해 놓은 본인 돈을 사용하거나, 은행 등 금융권 대출을 이용하거나, 평소 잘 알고 지내던 지인으로부터 투자를 받는 방법 등이 있다. 하지만 처음부터 자기자본은 전혀 없이 대출만으로 사업을 시작한다면 이자를 갚는 데 급급해 계속 돈이 부족해지고 추가적으로 돈을 차입해야 하는 상황이 벌어질 수 있다. 따라서 대출은 신중하게 하고 어느 정도의 자기자본을 가지고 사업을 시작하는 것이 좋다. 신용등급이 낮은 경우 사업자금을 마련을 위해 대출제도를 활용하는 방법이 있는데 이 제도에는 햇살론 창업자금대출, 미소금융 창업자금대출이 있다. 이외에도 사업 규모가 작다면 소상공인 정책자금 대출을 통해서도 사업자금을 대출받을 수 있다. 중소벤처기업부 자료에 따르면 소상공인의 자기자본 비율은 대략 38%수준으로 나타났다.

정책 사업자금대출제도 현황

햇살론 창업자금대출	미소금융 창업자금대출	소상공인 정책자금대출
대상자는 정부, 공공기관의 창업교육(12시간)을 이수한 창업자와 무등록 무점포 자영업자가 사업자등록 후 점포를 구비한 경우로서 사업장 확보 및 사업자등록을 마친 후 개업한 지 1년 이내일 경우	대상자는 개인 신용등급 7등급 이하의 저신용자(무등급, 0등급 포함), 지역건강보험료 납부 금액이 월 7만 4,100원 이하, 근로장려금 신청자격 요건 충족, 기초수급자 및 차상위 계층의 저소득자	대상자는 「소상공인 보호 및 지원에 관한 법률」상의 소상공인으로 상시 근로자 5인 미만인 업체(제조업, 건설업, 운송업, 광업은 상시 근로자 10인 미만)
신청과정은 대출상담(서민금융회사), 대출 신청(서민금융회사), 여신보증 심사(서민금융회사), 보증 심사 및 보증서 발급(신보중앙회, 지역신보), 대출 실행(서민금융회사)	신청과정은 소요자금 적정 등 1차 심사(미소금융 지역지점, 기업미소금융진단), 컨설팅상담 신청(소상공인시장활성화공단), 대출 신청, 심사, 대출 실행	신청과정은 신청 및 접수(공단지역센터), 신용평가(신용보증기관), 대출 실행(은행)

출처: 『창업이 제일 쉬웠어요』, 박혜경, 김민표, 김태경, 서울문화사, 2017. 3.

○ 업종별 기업 기술가치 연계 정책자금 활용 방안

 정부지원금은 절대 '눈먼 돈'이라고 생각하면 안 된다. 지원금을 사업 목적에 맞지 않게 사용하면 환수조치가 된다는 것을 명심해야 한다. 자금 조달 시 유의점을 잘 기억해야 하고, 정부 정책자금 활용 방안으로의 예금, 적금은 현금성 자산으로 언제든지 쓰는 데 문제가 없으나 적금, 보험은 해약환급금이 많이 발생하여 자금 설계를 잘 해야 한다. 공동 창업자와 같이 보탠 창업자금인 경우는 자금 운영 계획을 잘 관리해야 한다.

창업기업은 '예비창업 단계, 창업 단계, 성장초기 단계, 성장 단계' 4가지 단계를 거치며 성장한다. 각 성장 단계에 따라 적합한 정부지원금을 신청하여 필요한 자금을 단계별로 확보하는 것이 향후 사업을 전개해 나가는 데 있어서 중요하다. 창업의 단계는 사업자등록을 내기 전과 후로 나뉘고, 창업설립일 기준으로 1~3년, 1~5년, 4~7년, 1~7년 등으로 7년 미만의 초기창업기업을 구분한다.

개인과 법인은 매출에 따라 세금이 다르다. 매출 3천만 원 이하는 개인, 3천만 원 이상은 법인으로 사업자등록을 하면 세금을 줄일 수 있다. 벤처인증 통계를 보면 제조업이 65%를 인증받은 바와 같이 가급적 제조업으로 사업 종목을 넣는 것이 유리하며 해외진출은 수입보다는 수출 사업이 유리하다. 단계적으로는 먼저 창업지원금을 받고 그 뒤에 정부 R&D 자금을 받는 것이 지원금을 많이 받을 수 있는 노하우이다.

성장 단계별 창업 지원 현황

창업 준비	창업 실행	창업 성장
창업 아이템 개발	창업 아이템 사업화	창업 아이템 개발
기업가 정신 함양, 창업 저변 확대	시제품 개발, 창업 사업화	기업가 정신 함양, 창업저변 확대
청소년 비즈쿨, 대학기업가센터 실전창업교육, 창업기업 지원서비스 바우처, 예비창업패키지	본글로벌 엑셀러레이팅, 창조경제혁신센터, 중장년 기술창업센터, 1인창조기업 활성화	창업도약패키지, 재도전성공패키지

출처: 『나는 정부지원금으로 창업한다』 신향숙 외, 시니어벤처협회, 2021.3.

모든 자금은 잘 체크해야 한다. 대출에 대해서 대출한도 최대로 당기는 경우가 많으나 이자 감당과 원리금 상환이 향후에 문제가 될 수 있는 바 필요자금을 먼저 체크한 후 자금 운용 계획을 수립하여 추진해야 한다. 은행마다 금융상품이 다 다른 바, 대출은 거래 실적이 없는 경우는 금리가 높고 대출금도 낮은 경우가 많다. 온라인으로 사전에 검색한 후 신중한 대출이 이루어질 수 있도록 해야 한다. 시장성, 기술성, 사업성 등을 결정한 후 그리고 손익분기점을 넘는 시점의 판단 기준이 선 다음 대출 결정을 하는 경우가 좋다. 무리한 대출의 대표적인 원인은 장비에 대한 의욕이 넘쳐 투자유치를 하는 경우가 많은데 최근 코로나 19 상황 하 시장상황이 좋지 않은 것을 감안하여 결정해야 한다. 자금이 모자라는 경우에 대비해서 정부 정책자금의 효율적 활용이 필요하다. 상환 기간이 길고 유리한 점 등을 감안하여 정책자금을 활용하는 것이 필요하다. 은행에서 돈을 빌리고 정부 정책자금을 활용하는 방법이 일반적인 바 정부 정책자금은 지원의 형태로 진행되며 금액이 많지 않은 경우가 많다. 정책자금이라는 이름 때문에 공짜라는 생각을 버려야 한다. 정책자금을 확보하기 위해서는 서류작성의 어려움이 있으니 정책자금 담당자를 찾아가서 상담하면서 설명을 듣는 것이 필요하다. 최근 코로나 19로 인해 정책자금의 활용도가 높은 바 사전에 전화를 하거나 온라인으로 사전 면담을 신청하여 진행하는 것이 바람직하다.

온라인으로 정책자금의 종류와 내용을 활용하는 방법이 필요하다. 정책자금을 받기 위해서는 사업계획서에 대한 신중한 자료 작성이 필요하다. 사업계획서상 목표시장에 창업 아이템의 차별화 전략 등에 대해 논한 후에 비즈니스 모델에 대한 신중한 작성이 필요다. 실제로 일반적으로 사업 계획 구상에 대한 하고자 하는 일과 어떤 시장인가 제품에 대한 구체적인 준비과정에 대한 사업 계획이 작성되어야 한다. 이때는 전체적인 흐름에 대해 일관하여 작성하는 것이 필요하다. 공장을 사는 경우 원금 부담이 크게 되면 상환 부담이 커서 중소기업의 경영을 지속하는 데 어려움이 있다. 공장을 매입했을 때 상환과 조건에 대해 세밀하게 대응하는 것이 필요하다. 중소벤처기업진흥공단의 경우는 시설대출자금 5억을 지원하는 데 공장매입대금이 20억이라고 하면 대출상환에 대한 부담이 커서 공장 운영이 어려워지는 경우도 있다. 중진공자금 5억 원이 들어 있고 은행차입이 15억 원이 있는 경우 중진공에서는 상환을 요청하는 경우가 많아서 이런 부분에 대해 신중하게 대응해야 한다. 중진공자금은 시설자금의 운영보다는 운전자금으로 활용하는 방안이 필요하다. 잘 분석하고 향후 예상되는 상황에 대해 디테일하게 대비하는 것과 신중하게 고려하고 알아보고 결정하는 자세가 필요하다.

정책자금의 활용을 통한 기업 기술가치 제고를 위한 방안으로는 중소기업 종합지원기관인 신용보증기금의 신용보증, 신용보험, 보증연계투자, 인프라보증, Start-Up 육성, 기업경영 지원 등의 프로그램을 활용하는 것도 전략적으로 필요하다. 신용보증은 금융기관 대출 등 각종 재무에 대한 보증을 지원하며, 신용보험은 매출채권 회수불능으로 손해 발생 시 보험금을 지급하고 유동화회사보증은 회사채 등 매입 후 SPC발행증권에 대한 보증, 보증연계투자는 보증 후 기업의 주식 등 유가증권 인수, 인프라보증은 민간투자 사업 시행자의 대출 등 재무에 대한 보증,

Start-Up 육성은 혁신스타트업 전담육성 프로그램 제공, 기업경영 지원은 성장 단계별 맞춤형 경영컨설팅 지원 등을 활용할 수 있다.

중소기업 정책자금을 활용하기 위해서 맨 처음 해야 할 일은 체력 증진이다. 기업의 기본 체력이 있어야 한다. 기본 체력은 정책기관이 심사, 평가하는 데 기본으로 평가하는 요소 갖추기라고 볼 수 있다. 평가할 게 있어야 정책자금을 주든지 말든지 할 수 있기 때문이다. 중소기업이 미래 성장 동력을 갖추려면 기술력이 있어야 한다. 기술력은 기업의 연구개발 및 연구개발비 투자가 이뤄졌을 때 기술 향상을 기할 수 있다. 아울러 영업력은 기업의 매출로 증명된다. 매출이 발생하지 않는 기업은 머리만 있고 몸통이 없는 비형적 구조라 하겠다. 건전한 재무상태는 건강한 신체와 같은 것으로 허약한 신체로는 아무 것도 할 수 없는 것과 같다.

구체적인 방법으로는 기업부설연구소 운영과 특허출원으로 기술력을 보여 줄 수 있다. 영업력은 매출력으로 증명되는데, 지속적으로 상승하는 매출 구조가 좋다. 기업의 미래 성장 가능성을 제일 잘 설득력 있게 보여 준다고 하겠다. 자금 조달을 위한 방안으로는 융자지원금과 R&D 지원금을 통한 방안이 일반적인 바, 융자지원금 자금 조달을 위해서는 제한사항, 기관별 평가 방법의 이해, 기업 신용등급 관리, 기술 신용등급 관리, 산업분류코드의 관리, 특허 및 가점 관리, 사업계획서 등에 대한 종합적인 기획과 실행이 중요하며 R&D 지원금의 자금 조달은 제한사항, 평가 절차, 사업계획서에 대한 맞춤형 준비 등이 필요하다.

정책자금은 국가 또는 자치단체가 특정 부문을 집중적으로 육성하기 위해 상대적으로 유리한 조건으로 자금을 지원해 주는 공적자금 공급 기능으로, 경제의 최소한 자원인 자금을 특정 부문에 대해 금리 등 융자 조건이나 가용성 측면에서 민간자금이다. 유리하게 공급하는 제도로 중소기업 정책자금의 효율적 운영은 기업의 중장기적 발전에 핵심적인 요건이 되는 바 이에 대한 자금 관리의 재무적 측면 기반 하의 기업 기술 가치를 극대화하는 맞춤형 정책자금 활용 전략을 추진하는 것이 중요하다. 또한 정책자금 이외 중소기업의 자금 조달 활성화 노력도 필요하다. 간접 금융 활성화의 한 방안으로 중소기업 지원자금 마련을 위해서는 해외 자금 조달 운영사례를 참고하여 자금 조달의 노력도 필요하다. 다양한 기관에서 정책자금을 지원하는데 이를 정리하며 국고보조금, 정책자금, R&D 사업자금으로 구성되어 있는 바 기업의 기술개발 및 사업화를 위한 전략에 따라 각 정책자금의 지원요건을 충족하여 맞춤형 정책자금의 발굴 및 지원을 활용하여 스케일업의 기업 비전과 기업 기술 가치를 제고하는 전략이 필요하다.

참고문헌

- 「정부 지원자금 분석 및 중소기업의 정부 R&D사업 자금 지원 전략」, 김기현, 양지연, 지역산업연구 제41권 제3호 pp.299-324, 2018.8.13.
- 「중소기업의 인증과 활용전략」, 권성욱, KOTERA TV, 2022.4.4.
- 기업체질 개선과 정책자금 활용 전략 #5- 중소기업진흥공단 정책자금, 비전플러스, https://m.blog.naver.com/pjw879/221017171164
- 『창업이 제일 쉬웠어요』, 박혜경, 김민표, 김태경, 서울문화사, 2017.3.
- 『나는 정부지원금으로 창업한다』, 신향숙 외, 시니어벤처협회, 2021.3.
- <성남산업진흥원-요즈마그룹, 성남시 스타트업 글로벌 진출 위해 '맞손'>, 「산경일보」, http://www.sankyungilbo.com/news/articleView.html?idxno=131578, 2018.11.14.
- 「중소기업정책자금 활용 위한 기본 전략」, 온누리 경제지원센터, http://www.oncon.kr/bbs/board.php?bo_table=notice&wr_id=377
- 「2022 중소기업 정책자금 융자사업 안내, 중소벤처기업진흥공단, 2022.1.
- 「중소기업의 든든한 디딤돌, 정책자금 운영 효율화 방안」, 황규선, 강원연구원, 정책메모 2019-72호, 2019.12.24.
- 「스케일업 촉진을 위한 벤처대출(Venture Debt) 도입방안」, 홍종수, 나수미, KOSBI 중소기업 포커스 제20-05호, KOSBI 중소기업연구원, 2020.3.23.
- Durufle, G. T. Hellmann, and K. Wilson(2018), "From Start-up to Scale-up: Examining Public Policies for the Fianancing of High-Growh Ventures,:In: Mayer, C., S. Milcossi, M. Onado, M. Pagnao, and A. Polo, (eds.) Fiance and Investiment: The European Case, forthcoming, Oxford: Oxford University Press.

저자소개

이승관 LEE SEUNG KWAN

학력
· 성균관대학교 경영학과 박사(Ph.,D.)
· 성균관대학교 경영학과 석사(MBA)
· University of Hawaii, ICBP(Inter-Cultural Business Program) 수료
· KAIST ICT Leadership Program Course 수료(2018~2021)
· 제4차산업혁명 최고위과정 1기 수료

주요 경력
· 과학기술정보통신부·한국청년기업가정신재단 K-ICT 창업멘토링센터 CEO 멘토
· 한국스마트의료기기산업진흥재단 전문위원
· 경기도경제과학진흥원 컨설턴트/전문위원
· 과천시창업·상권활성화센터 멘토위원
· 용인시산업진흥원 전문위원
· 한국가업승계협회 전문위원/가업승계지도사 과정교수
· 한국산업기술평가관리원 평가위원
· KCA 공공기관전문면접관

- 창업진흥원 전문위원
- 한국표준협회 스마트팩토리 특화 중소기업훈련지원센터 운영위원
- ㈜씨와이 COS247사업본부 스마트뷰티사업본부 자문위원
- 공공기관 전문면접관
- 휴넷 Talent Bank Expert
- STEAM(Science, Technology, Engineering, Arts, Mathematics)융합전문가협의체 위원
- 대전창조경제혁신센터 전문위원
- 중소기업기술정보진흥원 기술개발과제 평가위원
- 충북산학융합본부 전문위원(충북 바이오선 바이오원스플랫폼)
- 농림식품기술기획평가원 R&D코디네이터
- 한국산업카운슬러협회 전문위원
- 강남노무법인 근로자카운슬링연구소장
- 경기중소벤처기업연합회 위원
- 진스랩(주), 바이오세라(주) 전문위원
- KYK환원수(주)글로벌사업본부장, 전문위원
- 성남산업단지관리공단 수석전문위원
- 성남하이테크밸리 융합혁신지원센터 경영혁신분과위원장
- 성남메디바이오캠퍼스 구축 및 운영
- 성남메디바이오클러스터협의회 사무국장
- 성남시 정보화추진위원회 위원
- 성남산업진흥원 부장, 전문위원
- 인천테크노파크, 울산테크노파크 책임, 실장
- 산업통상자원부 무역위원회 울산무역구제센터장
- 행정자치부 행정기관 홈페이지 평가·검증반장
- Tpage Global(주) 상무이사(e-무역상사)
- 한국종합상사 2호 주식회사 쌍용 차장 역임

- 성균관대학교 경영대학 외래교수
- 성균관대학교 LINC+ 전문위원
- 숙명여자대학교 산업정책대학원 겸임교수
- 숙명여자대학교 정보통신대학원 외래교수
- 전주대학교 경상대학 겸임교수
- 아주자동차대학 LINC+육성 사업단 강사
- 경기과학대학 외래교수
- 한국기술사업화진흥협회 기술평가사, 기술경영사 강의
- 한국섬유개발연구원 주관 고용노동부 인력양성교육프로그램-기술사업화 강의

자격사항
- 경영지도사(중소벤처기업부장관, 2016)
- 공공기관 전문면접관
- 산업카운슬러 1급
- 커리어컨설턴트(재취업전문가)
- 경영진단사(31기 수석)
- 기술평가사
- 기술경영사
- 창업지도사
- 창업보육전문매니저
- 정교사(교육인적자원부장관)
- National Director of IO-WGCA

저서
- 『N잡러 컨설턴트 교과서』, 브레인플랫폼, 2022. (공저)
- 『공공기관 채용과 면접의 기술』, 브레인플랫폼, 2022. (공저)

- 『10년 후의 내 모습을 상상하라』, 브레인플랫폼, 2021. (공저)
- 『N잡러 시대, N잡러 무작정 따라하기』, 브레인플랫폼, 2021. (공저)
- 『메타버스를 타다』, 브레인플랫폼, 2021. (공저)
- 『ESG경영』, 브레인플랫폼, 2021. (공저)
- 『기업가정신 창업가정신 그리고 창직가정신』, 브레인플랫폼, 2021. (공저)
- 2021 SMATEC Conference 발표(e-Cluster Based C&D Cosmetics Smart Factory Platforms)
- 「성남하이테크밸리 스마트공장 기술 세미나-스마트공장을 위한 3D 프린팅 기술」, ETRI-SNIC, 2019. (공저)
- 1st CHA & PAREXEL International Symposium on Druge Discovery and Development(April 16th, 2019 CHA Bio Complex International Conference Room[B1F]/ Presentation Title "The 4th Industrial Revolution Era based on the Expansion of Seongnam Bio Cluster Ecosystem"(General Manager of Bio-Wellaging Industry Department, Seongnam Industry Promotion Agency, Republic of Korea)
- 「기술평가 전문가 교육과정 교재」, 중소기업진흥공단-중소기업중앙연수원, 2012. (공저)
- 「소재산업분야 연구기획 전문가과정」, 고용노동부-한국섬유개발연구원, 2014. (공저)
- 「기술사업화 전문가 양성교육 교재-기술평가사/기술경영사 과정」, 한국기술사업화진흥협회, 2012.
- 「IT융합전략」, 한성대학교 지식서비스컨설팅대학원, 2012. (공저)
- 「Bioin 스페이셜 전문가리포트」, 한국생명공학연구원, 2012. (공저)
- 「KEIT PD Issue Report-융합기술 R&BD 활성화 추진전략」, 한국산업기술평가관리원, 2012.
- 「성남시 3+3전략산업 정책보고서」, 성남산업진흥재단, 2008. (공저)
- 「성남시 게임 산업 육성을 위한 클러스터 구축 전략수립」, 경기디지털콘텐츠진흥원, 2008. (공저)
- 「인천 자동차부품산업 현황 및 발전방안」, 인천테크노파크, 2006. (공저)

- 「경인지역 기계·금속산업 인력 실태조사 보고서」, 중소기업청/인천경기기계공업협동조합, 2006.
- 「인천서부지방산업단지 생태산업단지화를 위한 사전분석 연구(최종보고서)」, 산업자원부-송도테크노파크, 2006. (공저)
- Economic Cooperation and Integration in Northeast Asia-New Trends and Perspectives, Global Cultural and Economic Research2, LIT VERLAG Berlin 2006. (공저)
- 행정기관 홈페이지 평가 및 우수기관 선정 최종보고서 작성, 숙명여자대학교 정보통신대학원, 2003. (공저)
- 울산지역 산업클러스터 사례분석 연구, 울산전략산업기획단-울산대학교, 2004. (공저)
- Global e-Trade Strategy of KOREA (Brazil, SanPaulo) Korea-Mercosul International Conference Korea Delegation & Presentation

SNS

- https://m.facebook.com/seunggwan.i

경험을 바탕으로 한 자금 지원받기

이완기

○ 창업을 준비하면서

1) 창업의 개념

'창업'이란 일반적으로 영리를 목적으로 개인이나 법인회사를 만드는 일 또는 창업자가 사업 아이템을 갖고 자원을 결합하여 사업을 시작하는 일이라고 정의할 수 있다.

2) 창업을 위해 필요한 것들

(1) 기업가 정신이란?

'기업가'란, 불확실성을 수용하고 기회를 포착하여 혁신적인 가치를 창출하고 이해 관계자들에게 가치를 분배하는 활동을 통하여 사회의 성장과 고용을 확대하는 자이다.

> "수많은 사람들이 인생에서 성공하지 못하는 이유는
> 기회가 문을 두드릴 때 뒤뜰에 나가 네잎클로버를 찾기 때문이다"
> _월터 클라이슬러, 크라이슬러 창업자

(2) 창업 구상 중 실천해야 할 10계명

-기업가 정신을 가지기
-자신만의 사업계획서 만들기
-핵심 대상 설정하기
-마케팅 전략을 구상하기
-자금 마련 계획 세우기
-아이디어를 구체화시키기
-10년 후까지 장기 계획 세우기
-판매 경로 방식 결정하기
-직원 및 회사구조 계획하기
-EXIT(M&A, IPO 등) 목표를 설정하기

(3) 창업의 핵심 요소

① 사람: 업무를 수행하는 사람이 가진 기업가 정신과 의지, 능력과 자질, 사업에 임하는 태도, 구성원의 협력 관계 등에 따라 기업의 성패가 좌우될 수 있다.
  -창업자, 동업자, 창업기업의 팀원

② 창업 아이디어(기술, 제품, 서비스):
  -우수한 기술, 사업 아이디어로서 제품이나 서비스로 생산
  -우수한 제품이나 서비스로서 품질 면에서 경쟁력
  -소비자가 기대하는 것 이상의 가치

③ 시장: 시장의 가능성을 보고 제품이나 서비스를 개발하는 것이 성공 가능성이 더 크다.

④ 자본: 계획사업의 수행에 필요한 자금을 말한다.
  -자기자본: 조달된 자본으로서 상환의무가 없는 자본
  -타인자본: 타인 통해 조달하게 되는 금액으로 친인척, 금융기관으로

부터 차입하게 되는 상환의무가 있는 자본

3) 창업 준비

(1) 창업의 기본 절차

1단계, 업종 선정 및 사업계획 수립이다. 창업하려면 먼저 업종 및 사업 아이템을 선정한 후, 이에 대한 타당성 조사를 시행하고 사업 규모, 기업 형태, 창업구성원과 조직구성 등을 포함한 사업 계획을 수립하여야 한다.

업종 선정	사업 계획 수립
-업종 및 사업 아이템의 결정: 적성에 맞는 아이템 결정 -사업 타당성 조사: 객관적인 입장에서 검토	-사업 규모 결정 -기업형태 결정 -창업구성원과 조직구성 -기타 사업 핵심 요소 결정

공장 설립이 필요한 때에는 먼저 사업 계획 수립 단계부터 다음 사항을 검토하여 자신이 설립하고자 하는 공장의 업종·규모 등에 대한 이해를 충분히 한 후에 관계 법령에 맞추어 설립 절차를 이행하여야 시행착오를 줄일 수 있다.

사업 계획 수립 단계에서 다음의 사항을 검토 없이 추진하는 창업자가 공장 설립 때 애로를 많이 겪는다. 따라서 필수적으로 다음의 사항을 검토하기를 바란다. 공장 설립이 필요한 경우 사전검토를 위하여 관련 부처, 시·군·구청 또는 중소기업 전담회사에 직접 방문, 전화 또는 민원

문서를 통하여 상담받을 수 있다.

공장 설립이 필요한 경우 사전검토

> ㉠ 당해 사업이 한국표준산업 분류상 제조업에 해당하는지와 업종명·분류번호
> ㉡ 설립하고자 하는 공장의 규모: 공장건축 면적 및 공장용지 면적
> ㉢ 제조시설 중 환경 관련법에 따른 환경 배출시설을 설치하는지 여부
> ㉣ 중소기업 창업자에 해당하는지 여부 ㉤ 기술도입 신고 대상인지 여부
> ㉥ 세제·금융 지원을 받을 수 있는지 여부 ㉦ 외국인 투자에 해당하는지 여부
> ㉧ 첨단 산업에 해당하는지 여부 ㉨ 개별법상의 사업인지, 허가 대상인지 여부

2단계, 회사설립 및 사업자등록이다. 사업 계획 수립 이후부터는 예비창업자가 직접 사업 계획을 실행에 옮기는 단계다. 즉 해당 업종을 담당하는 관청에서 사업의 인·허가받아야 하고 해당 관청에 사업자등록 또는 법인설립 등기를 하는 단계다.

개인기업의 경우에는 사업장을 담당하는 세무서에 사업자등록을 위한 신청서를 제출한 후 사업자등록증을 받음으로써 간단히 설립할 수 있으나 '법인'의 경우에는 담당지방법원이나 등기소에 설립등기를 한 후에 담당세무서에 법인설립 신고를 하여야 한다.

| 1. 사업인·허가(개별법에 따른 인·허가 업종에 한함) ||
| -신청서, 사업계획서, 명세서 ||
개인 사업자등록	법인 사업자등록
2. 개인 사업자등록(담당세무서) -신청서, 사업인 허가증 사본, 주민 등록등본, 임대차계약 사본 2. 개인 사업자등록(담당세무서) -신청서, 사업인 허가증 사본, 주민 등록등본, 임대차계약 사본	2. 법인설립 등기(지방법원 또는 등기소) -설립등기신청서, 정관, 주식청약서, 주식인수증, 창립총회 회의록 등(「비송사건절차법」 제63조) 3. 법인설립 신고, 또는 사업자등록(담당세무서) -법인설립신고서, 법인등기부 등본, 법인정관, 개시 대차대조표(신고 시), 주주와 출자자 명부 등

3단계, 공장입지 선정 및 공장 설립 승인이다. 공장을 설립할 수 있는 지역은 국가공단, 지방 공단, 농공단지와 같이 공장을 건설하기 위해 국가 등에서 조성해 놓은 곳(계획 입지)이나 「국토이용관리법」 및 「도시계획법」상으로 세분된 개별적인 용도지역(지구) 중 공장설립이 허용되는 지역(자유 입지)이다.

공장을 설립할 장소를 선정한 후, 담당 시장 군수 구청장에게 공장 설립 승인을 얻어야 한다. 계획 입지인 공단 지역(국가 공단, 지방 공단, 농공단지)에 공장을 설립고자 할 때는공업배치 및 공장설립에 관한 법률에 의거 공업 단지 입주계약을 체결하면, 별도의 공장 설립 승인을 받을 필요가 없다. 그러나 「국토이용관리법」 및 「도시계획법」에서 정한 공장설치가 허용되는 지역 (자유 입지)에서 공장건축 면적 $500m^2$ 이상의 공장을 설립하고자 할 때는 공장 설립 승인을 반드시 받아야 한다. 자유 입지에서의 공장 설립 승인은 공업 배치법상 공장 설립 승인과 창업 지원법상 창업 사업 계획 승인이 있는데, 창업 사업 계획 승인을 통하여 공장을 설치할 때는 국토이용 계획변경 절차까지도 의제 처리할 수 있어 유리하다. 이때의 공장건축 면적은 수도권에서는 제조시설·사무실·창고의 건축 면적이 합산되며 수도권 이외의 지역에서는 제조시설의 건축 면적만을 의미한다.

4단계, 공장 건축 및 공장 설립이다. 토지를 매입한 후 공장용지 조성을 위하여 각 개별법에서 정하고 있는 토지 형질 변경 행위를 위한 개발행위 신고(산림을 훼손하는 작업을 하고자 할 때 작업 착수계를 제출하는 등) 등의 절차가 있는 경우 이를 이행하여야 한다.

또한, 부지 조성을 완료한 후, 각 개별법에서 정한 준공 검사 등 개발행위 완료에 따른 행정 절차를 이행하여야 한다. 부지 조성이 완료되면 공장을 건축하기 위하여 건축 허가를 받아야 하는데 이때 건축공사를 위한 도로 점용, 건축물 안의 수도·전기·소방시설과 환경 배출시설 설치 허가 등을 동시에 신청하여 건축 허가 시 한꺼번에 모든 인·허가를 받을 수 있다. 또한, 건축 허가를 받은 후 착공 신고 및 최종 건축 완료 시 사용 승인을 신청하여야 하며 사용 승인 신청 시 각종 시설(수도, 전기, 정화조 등)에 대한 준공 검사를 동시에 신청하여 한꺼번에 검사할 수 있다.

공장설립을 위한 준비 절차

절차	내용	준비 서류
1. 부지 선정	· 업종의 특성상 유리한 지역 선정 · 도로, 전기사용이 쉬운 지역 · 민원 발생이 적은 지역, 공장 밀집 지역	
2. 입지 검토	· 공장입지 파악(「국토계획법」, 「농지법」, 「해외농업산림법」 등 30개 법률 검토) · 업종파악, 「대기환경보전법」 파악(공해 문제)	· 토지이용계획확인원 · 지적도, 토지대장 · 토지등기부 등본 · 기계 시설명세
3. 부지계약	· 계약금 일부 지급으로 토지계약 · 부동산 사용승낙서, 인감증명서 발급	
4. 사업계획서 작성	· 창업 사업계획서 또는 공장 설립 사업계획서 작성 · 인·허가사항 검토(30개 법률에 따른 62개 인·허가) · 건물배치도, 구적도 작성 · 지형도 준비	· 토지이용계획확인원, 지적도, 토지대장, 공시지가확인원, 토지 등기부 등본, 사용승낙서, 인감증명서, 법인 등기부 등본 또는 정관(법인에 한함)
5. 사업계획서 승인 신청	· 시 지역 중소기업과 군 지역 지역경제과 1차 검토 · 민원실 접수, 처리 기간 30일 소요	
6. 사업 계획 승인	· 인·허가 관련 법률에 따른 법률 검토 후 승인(시·군 협의부: 지역경제과, 환경과, 도시과, 농지과, 산림과, 건축과, 면사무소)	
7. 대체 농지, 입지 조성비 및 각종 부담금 납부	· 승인 후 각종 부담금 전용 부담금 및 대체 농지 조성비, 대체 조림 조성비, 각종 국유 지점 음료 등 납부 · 창업 사업 계획 승인업체 전용 부담금 50% 감면	
8. 공장 건축	· 승인에 의한 공장 건축, 공장 건축 완료 보고	

(2) 사업 아이템 선정

창업자는 사업 아이템 선정을 시작으로 직접 기업을 경영하는 사업가의 길을 걷게 된다. 사업 아이템 선정에 있어 무엇보다도 중요한 것은 창업자가 '어느 분야에서 경쟁력이 있는가?' 하는 것이다. 인터넷분야가 주목받고 있다고, 유전공학을 전공한 창업자가 바이오분야가 아닌 인터넷 사업을 선택하는 것은 실패로 걸어가는 길이다. 이처럼 사업 아이템 선정에 있어 현재의 유행과 추세도 중요하지만 자기의 실력을 발휘하고 적성에 맞는 분야를 선택해야 한다. 성공의 지름길은 자기 자신이 객관적으로 봐서 경쟁력이 있는 아이템을 선택하는 일이다.

사업 아이템 선정의 기본원칙

① 성장 가능성이 있는가? ② 경험이나 특징을 활용할 수 있는가? ③ 실패의 위험이 적은가? ④ 공장을 설립해야 하는지 아니면 외주할 수 있는가? ⑤ 대기업이 참여하기 곤란한가? ⑥ 자기자본 규모에 적당한가? ⑦ 수요와 시장성이 충분한지 또는 1~2년 이내에 수요가 형성될 수 있는가? ⑧ 투입 비용에 대비하여 수익성은 높은가? ⑨ 일시적인 유행에 그치는 분야인가?

위에서 예시한 것처럼 사업 아이템 선정 시 기본적으로 검토를 거쳐 선정하되 창업자 스스로 판단하면 실패의 위험성이 높다. 따라서 주변의 종사자가 있으면 반드시 면담하거나 인터넷, 전문잡지, 신문 등을 통하여 정보수집을 하여야 하며 제삼자의 입장에서 객관적인 사업 타당성 분석하여 최적의 사업 아이템을 선정하여야 한다. 일반적으로 아이템 선정의 기본 순서는 다음과 같다.

아이템 선정의 기본 순서

① 창업하고자 하는 업종에 대한 정보수집 ② 기존 기업, 체험자 또는 종사자의 면담 ③ 사업 아이템에 대한 구체적 정보수집 및 정밀 분석 ④ 사업 타당성 분석 ⑤ 최적 사업 아이템 선정

아이템 선정은 창업자의 자금 동원 능력과 비례한다. 현실적으로 창업자는 자금 동원 능력에 맞는 아이템을 선정할 수밖에 없기 때문이다. 공장을 세우고 기계를 설치하여 생산하는 사업은 자본이 드는 사업이지만, 제품을 기획하고, 판매를 전담하면서 기존 공장에 발주하는 사업은 그다지 자본이 필요하지 않다. 최근 벤처기업 중에는 이런 연구개발형 기업이 주목받고 있다. 창업자는 자금 동원 능력이 뒤따르지 않을 때 처음부터 공장을 짓는 등 사업을 크게 벌일 필요가 없다. 최근 외주가 주목을 받는 것은 이러한 연유에서 기인한다. 사업가는 아이템에 대한 아이디어와 캐릭터를 부여하고 외주를 통하여 생산하고 직접 판매를 담당함으로써 성공을 한층 앞당기는 것이다.

만일 적은 자본으로 사업을 할 수 있다면 제1의 사업일 것이다. 그러나 이러한 업종은 누구나 뛰어들기 쉬우므로 그 분야에 독보적인 존재가 되지 않으면 안 된다는 사실도 유념하여야 한다. 적은 자본으로 사업을 할 수 있는 업종을 살펴보자. 인터넷에서 각종 아이템 관련 정보를 참고하여 선정하는 것이 유리하며 여기서는 개괄적으로 설명하고자 한다.

소프트웨어 산업은 최근의 경기침체에도 불구하고 향후 10년간 30% 이상 지속해서 성장할 대표적인 미래형 지식 산업이다. 이 분야는 아이디어가 가미된 무형의 상품이 시장의 수요를 창출하는 대표적인 분야이다. 최근의 히트상품은 품질이 아니라 아이디어가 가미된 디자인, 분위기가 결정한다. 소프트웨어 산업은 모든 산업에 연관이 되어 있으므로 그 성공 가능성도 크다고 할 수 있다.

정보통신 서비스 산업은 수요자 중심의 정보를 발굴하고 지속적인 업데이트를 할 수 있다면 적은 비용으로 성공할 수 있다. 즉 정보가 팔리는 시대가 되었다는 사실이다. 현재 일반화된 정보통신 서비스 산업 중의 하나로 부동산의 정보가 있으며, 그다음이 다이렉트 메일 사업이다. 전문가, 즉 세무사의 명단, 고액 소득자의 명단, 심지어는 전국 골프 회원의 명단에 이르기까지, 상품 판매에 없어서는 안 되는 것이기 때문에 명단의 머릿수대로 1인당 얼마라는 상거래가 가능하게 된다.

다품종소량생산 산업이다. 최근에는 대량생산보다 소량생산에 인기가 집중하게 되었다. 자동차, 철강 같은 공업제품은 대량생산이 유리하나 과자나 음식점의 요리, 패션, 액세서리 등 취미와 관련되는 분야에서는 대량생산이 오히려 인기를 끌지 못하는 원인이 된다. 이런 분야는 캐릭터가 생명이다. 다품종소량생산 분야는 대기업은 엄두도 못 내는 분야로, 최근 다양화 시대의 경향을 이루고 있어서 중소기업에 유리한 방향으로 전개되고 있다. 그러므로 자본이 적은 사람이라고 해서 사업의 기회가 없어졌다고는 말할 수 없다. 특히, 이런 분야는 생산원가가 얼마

먹혔느냐보다 소비자의 마음을 얼마나 끌 수 있는지가 사업의 성패를 가늠한다.

연구개발 산업은 전문지식과 기술로 가치를 창출하는 산업으로 국가 전체의 경쟁력을 결정하는 산업이다. 즉 창업자는 기획과 판매를 담당하고, 생산은 기존 기업에 외주를 주는 방법으로 아이디어가 가미된 캐릭터가 생명인 산업이다. 창업자는 기획, 기업은 생산, 판매는 유통업체와 협약 등을 통해 진출 가능한 분야다.

적은 비용으로 창업 가능한 기타 분야로는 게임기 개발 등의 영상·콘텐츠 산업, 산후조리 도우미 관리·제공 등 가사 대체서비스 산업 등도 있다. 특히 각 기관에서 제공하는 신산업정보에 창업자의 아이디어가 부가된다면 획기적일 수 있다.

(3) 사업 타당성 분석

최근 '아이디어는 돈이다'라는 말이 매스컴을 통하여 수없이 흘러나온다. 이것은 아이디어의 중요성을 강조하는 표현일 뿐이다. 아이디어는 아직 돈이 아니다. 아이디어가 돈이 되게 하기 위해서는 여러 중간과정을 거쳐야 하는데 특히, 중요한 것이 사업 타당성 조사이다. 대부분 창업자가 사업 타당성 조사를 소홀히 하거나 주관적으로 유리하게 생각하고 사업을 하는 경우가 많은데 이 경우가 대부분 실패하는 사례이다. 창업자가 사업 타당성 조사를 하기 쉽지 않은 것은 사실이다. 그러나 이 조사를 소홀히 한다면 창업자는 이 사업에서 100% 실패할 수밖에 없다. 객관적인 조사를 시행하고 판단하되, 다시 한번 재검토의 과정을 반드시 거쳐야 실패율을 줄일 수 있다.

면담

구상하고 있는 사업 아이디어의 수익성에 관한 정보를 얻는 데는 여러 가지 방법이 있겠지만 중요한 시발점은 많은 사람을 만나서 의도하는 사업에 대한 그들의 견해를 듣는 것이다. 구체적인 정보를 얻을 수 있도록 미리 준비하고 면담 결과를 기록하여야 한다. 비판적인 견해와 낙관적인 견해 모두가 유용한 것들이 될 수 있다.

면담 대상은 가족, 친구, 학교 시절의 은사, 관공서, 관련 업종 협회와 단체, 컨설팅회사와 동종 업종의 사업을 하는 사업가, 미래의 고객, 여신기관에 종사하는 사람 등을 들 수 있다. 특히 관공서, 관련 단체와 협회에는 전화를 과감히 해도 된다. 창업자 당신이 그들의 고객이니까. 또한, 그들을 만나기가 어려울 때도 있을 것이다. 그러나 과감히 방문해도 된다. 당신은 그들의 수요자이며 고객이니까.

경험

면담 조사를 통하여 어느 정도의 지식이 갖추어지면 동종 업종의 현장에서 직접 경험 또는 견학을 통하여 자료를 수집하고 면담을 통하여 수집한 자료를 보완하여야 한다. 현재 종사하고 있는 분야와 다른 사업을 하려고 할 때는 주말이나 여가를 이용하여 현장경험을 쌓으며 사업의 비결(Know-How), 자기 적응력 등에 대해 검토도 하여야 한다.

간행물 및 인터넷

정부의 보고서, 협회의 간행물, 창업 관계기관의 간행물, 관계 전문잡지, 사업성 분석의 전문서적 등을 참고하되, 최근 인터넷에 각종 정보가 수록되어 서비스되고 있으므로 인터넷 검색을 통한 자료수집 후 사업 타당성 조사도 중요하다.

추정 손익계산서 작성

추정 손익계산서란 창업자가 사업 아이템에 대하여 미래의 수익과 손익을 미리 분석하는 계산서로서 추정 손익계산서를 작성하여야 최대한 지출 비용을 줄일 수 있다.

단순화시킨 연간 손익계산서

① 총 매출-매출원가= 손실 혹은 이익
② 기초상품 재고액= 매출총이익-경비+당기 구매액-기말상품 재고액
③ 매출-원가= 마진율(부과율)

단순화시킨 분기별 추정 손익계산서

구분	소계	1월	2월	3월
제조·매출	○ 원	○ 원	○ 원	○ 원
제조·매출원가	○ 원	○ 원	○ 원	○ 원
매출총이익	○ 원	○ 원	○ 원	○ 원
비용	○ 원	○ 원	○ 원	○ 원
당기순손익	○ 원	○ 원	○ 원	○ 원

(4) 사업 계획 수립

사업 규모를 결정할 때는 창업자 자신이 충분히 감당할 수 있는 것이라야 한다. 즉, 자기자금의 1/2 규모 정도로 시작한다면 예상치 않은 자금 수요 등에 대처할 수 있을 것이다. 사업장은 자금 규모와 맞물려 있어서 동시에 결정되는 게 보통이다. 사업 규모는 주변 환경에 맞추어야 한다. 예를 들면, 편의점 같은 소매업의 경우는 '점포입지'가 결정적 요소이기 때문에 빚을 얻어 좋은 입지를 잡은 창업자는 빚을 다 갚고 돈을 버는 데 반하여, 점포입지가 나쁜 곳은 자기자금만으로 출발한 사람도 영업 부진으로 실패하는 사례가 빈번하다.

사업 규모 결정요소

- 기업적 요소: 적어도 같은 업종의 기존회사보다는 더 좋은 시설과 인력을 확보해야 한다.
- 경영자적 요소: 색다른 경영비법을 갖고 경영에 임해야만 경쟁에서 승리할 수 있다.

사업 규모 결정과정별 고려사항

- 창업자의 자금 조달 능력: 자금 조달 규모가 결국은 사업 규모를 결정하는 핵심 요소이다. 현명한 창업자라면 여기서 한발 더 나아가 사업 규모를 자기 자금 조달 능력의 2분의 1의 규모로 축소하여야 모든 상황에 대처할 수 있다.
- 업종에 따른 사업 규모와 동종 업계의 평균 자본 규모 파악: 창업과 관련된 사업분야는 산업분류표상 크게 나누어 제조업, 광업, 건설·운수·창고·통신업, 도·소매업, 서비스업으로 분류된다. 이들 업종은 일반적으로 제조업이 가장 큰 규모를 요구하고 있으며, 소매업과 서비스업은 작은 규모로도 시작할 수 있는 업종이다. 무엇보다도 사업 규모 결정에 있어 경쟁회사를 정확히 분석하여 결정하는 것이 유리하다.
- 취급하고자 하는 제품과 상품을 고려: 제조업이라도 많은 시설투자가 필요한 설비 산업인 경우와 좁은 공간에 기계 몇 대만 설치하고서도 영위할 수 있는 사업도 있다.

기업을 운영하는 주체는 사람이다. 따라서 사람의 구성에 따라 기업의 이익 창출 효과는 크게 달라진다. 창업구성원 구성 시 우선 고려하여야 하는 사항을 알아보자.

첫째, 창업구성원과 회사조직은 단순하게 구성하는 것이 유리하다. 단순한 조직 구성의 시작은 조직이 비용부담이 적고 의사결정 등 추진력이 높다.

둘째, 업종에 맞는 조직을 구성하여야 한다. 창업회사의 조직은 일반적인 회사 조직을 중심으로 편성하되 해당 업종에 맞는 특색 있는 조직이 필요하다.

셋째, 동업 시는 상호조건을 분명히 하여야 한다. 되도록 동업을 피하되 동업이 꼭 필요한 경우에는 상호조건을 정확히 제시하여 합의된 후에 창업 준비에 착수해야 한다. 우리나라의 경우 동업 관계가 끝까지 유지되는 경우가 아주 드물 뿐만 아니라 기업은 영리를 추구하는 사람의 집합체이므로 상호조건을 분명히 하여야 한다.

회사 형태를 개인기업으로 할 것이냐, 법인기업으로 할 것이냐의 기업 형태 결정은 생각보다 어려운 일은 아니다. 그것은 단지 창업자 개인의 취향 문제일 뿐이다. 현실적으로 외형이 커지면 소득세 부담 때문에 법인으로 전환하는 경우가 많다. 벤처기업을 창업할 생각이면 주식회사로 하는 것이 유리하다. 세금, 자금 조달, 향후 영속성 등을 종합적으로 고려하여 결정하여야 한다.

(5) 창업과 세무 상식

신규창업자가 창업과정에서 알아야 할 기본적인 세무 관련 체크 포인터를 사업 계획 수립 단계, 법인설립 등기 단계, 기업경영 단계로 나누어 점검하기로 한다.

사업 계획 수립 단계

첫째, 사업 타당성의 검토 시 세금효과도 고려해야 한다. 신규창업자의 경우에는 사업 타당성을 검토할 때 주먹구구식으로 검토하는 경향이 있다. 이러면 기업을 경영하는 단계에서 예상하지 못한 각종의 세금 고지서를 받고 세금 때문에 사업을 할 수 없다고 말한다. 세금과 사업은 필수 불가분의 관계가 있으므로 사업 아이템 선정과 사업 타당성 조사 단계부터 철저히 고려하여야 한다.

둘째, 창업자의 조세 감면제도를 검토하고, 철저히 활용하여야 한다. 정부에서는 국가 경제의 기반이 될 수 있는 중소기업 창업자에 대한 세제상의 지원제도를 두고 있다. 또한, 창업 시 특정 업종, 특정 지역에 대하여도 세제상의 지원제도가 있으니 미리 중소기업 창업 관련 기관, 세무사, 회계사 등과 협의하여야 한다.

셋째, 개인기업과 법인기업의 장단점을 비교하여 기업의 형태를 결정하여야 한다.

법인설립 등기 단계(법인에 한함)

첫째, 법인설립 등기 시에 필요한 서류와 사업자등록 시 필요한 서류를 함께 준비한다. 서로 중복되는 서류가 있으므로 한 번에 준비하여 신속한 창업절차를 진행할 수 있도록 하여야 한다.

둘째, 주주명부의 작성 시에 적당히 타인의 이름으로 올리지 않도록 하여야 한다. 현행 세법상 주식의 명의신탁은 증여로 추정되며 후에 주식의 소유권에 관한 분쟁이 발생할 수도 있기 때문이다. 또한, 주주에 대한 자금출처 조사 시, 자금출처를 입증하지 못하면 이를 증여받은 것으로 추정하기 때문이다.

셋째, 법인설립 등기 완료까지 발생하는 비용은 창업비로 인정받기 때문에 관련된 증빙을 철저히 챙긴다. 그러나 기업설립 시 발생하는 모든 비용이 창업비로 인정되는 것은 아니므로 비용의 지출 전에 전문가와 상의하도록 한다.

기업경영 단계

첫째, 장부의 기장 및 비치 의무를 준수하여야 한다. 의무 불이행 시에는 높은 표준소득률의 적용, 가산세의 적용 등으로 세 부담이 상당히 증가하게 된다.

둘째, 각종 신고, 납부 의무를 준수하여야 한다. 대부분의 세법에서는 각종 신고, 납부 의무의 이행이 하루만 늦어도 관련 세금의 10% 이상

가산세를 부과하는 등 각종 불이익을 당하게 된다.

셋째, 각종 세제상의 혜택을 이용한다. 조세 면제 또는 감면 대부분은 신청에 따라 감면되는 경우가 많다. 즉, 감면 신고를 하지 않으면 세 감면을 받을 수 없다. 신규창업자는 이상과 같은 단계별 기본적인 사항을 파악하고 있어야 한다. 물론 복잡한 많은 사항을 알 필요는 없으며, 수시로 전문가와 상담하면 된다. 기본적으로 사업자는 각종 의무를 이행하여 불이익을 받지 않도록 하고, 각종 조세 지원제도를 이용하여 절세하는 것이 합리적인 세무에 관한 접근 방식이다.

인생에 한 번은 사업가가 되어야 하는 시대다.
사업의 세계에서는 이길 수 있는 사람에게 기회가 간다.
나이에 상관없이 이기는 자가 강자다.
졌다고 포기하면 그 자리에서 끝이다.
인생에는 결코 불가능할 것만 같은 일들도 많다.
하지만 포기하지 마라. 아침이 오지 않는 법은 없다.

자금지원 신청순서 및 지원기관들

1) 자금 확보

창업자들은 정부기관, 금융기관 및 각 단체에서 지원하는 창업자자금 지원제도를 활용하면 좋다.

은행을 통한 자금 확보

구분	내용	비고
은행의 대출 관점	-은행의 대출 결정은 원리금 상환 능력, 담보 능력과 신용도를 모두 고려하여 대출 -은행 거래에 있어서 기업 신용도는 재무항목(안정성, 수익성, 성장성, 유동성, 활동성, 변동성, 현금 흐름, 생산성, 금융 비용 부담 정도)과 비재무항목(기업체 개황, 금융거래 현황 및 거래 신뢰도, 재무제표 신뢰도, 자금 흐름 추이)의 평가를 병행하여 이루어지기 때문에 창업 시점부터 신용도 관리가 필요	
은행 창업 자금 예시	-창업기업을 위한 대출 상품은 은행이 취급하고 있으나, 창업기업이 은행에서 차입하는 것은 쉬운 일이 아니므로 성장한 후의 은행 거래를 위한 준비가 필요(구체적인 내용은 은행 각 홈페이지)	

기술보증 금융을 통한 자금 확보

구분	내용	비고
일반적인 평가	-매출액, 자본금, 기타 재무사항 등 과거의 실적 위주	
기술 평가	-기술 및 경영 능력, 시장성 및 수익성, 사업 계획 타당성, 미래 성장 가능성	

출처: www.kibo.or.kr

- 신용보증 금융(www.kodit.co.kr) : 자금 확보 창업초기 기업의 성장 단계별로 '예비창업보증 → 신생기업보증 → 창업초기보증 → 창업성장보증'으로 구분 지원
- 중소기업진흥공단 (www.sbc.or.kr) : 각종 창업자금은 물론 창업보육 센터를 운영
- 창업진흥원(www.kised.or.kr) : 성장단계별 창업기업 지원
- 한국연구재단(www.nrf.re.kr) : 기술혁신형 창업 지원
- 정보통신 산업 진흥원(www.nipa.kr) : 신생기업 지원
- 소상공인지원센터(www.sbdc.or.kr) : 소상공인을 대상
- 근로복지공단(www.welco.or.kr) : 장기 실업자 및 여성 대상
- 한국여성경제인협회(www.womanbiz.or.kr) : 여성부, 소기업청 공동으로 저소득 여성 가장을 위한 생계형 창업 지원
- 한국장애인고용촉진공단(www.kepad.or.kr) : 장애인 대상

⇨ 기업 마당(www.bizinfo.go.kr) : 중소벤처기업부 산하에 중소기업이 찾기 쉽도록 중앙부처, 지자체 등의 중소기업 정책정보를 제공하는 중소기업정책정보시스템

◯ 지원기업 심사가 고려하는
사업계획서 주요 내용 작성 요령 및 유의사항

1) 사업계획서 작성 이유/선정/작성 요령

(1) 사업계획서 작성 이유

① 사업계획서는 창업자 자신을 위해서도 체계적인 사업 준비를 하는 데 유익하다. ② 사업 성공 가능성을 높여 준다. ③ 계획 사업의 효율적 추진을 위해 도움을 줄 동업자, 금융기관, 매입처, 매출처, 일반 고객 등에게 자기사업을 설명하고 홍보하는 데 구두로 하는 것보다는 사업계획서가 훨씬 설득력이 있다. ④ 이와 함께 사업 계획에 잠재된 문제점과 향후 발생 가능한 위험요소를 심층 분석하고, 예기치 못한 사정으로 창업이 지체되지 않도록 자세히 점검할 필요가 있다.

(2) 사업계획서 선정

첫째, 사업계획서는 창업자의 창업 계획을 체계적으로 정리한 것으로서 소규모의, 소매업이라도 창업자 및 업종의 특성에 맞는 창업계획서를 작성하여 실행해 나가야 한다.

둘째, 사업 타당성 분석을 바탕으로 작성하는 사업계획서는 사업 전략과 사업 수익 목표를 구체적으로 제시하는 창업자 자신의 사업에 대한 청사진으로서 창업과정을 계획성 있고 차질 없이 추진할 수 있게 하며, 창업 기간을 단축시키고 경비를 줄여 주며, 창업 성취율을 높여 줄 수 있는 가장 중요한 교과서이다.

셋째, 사업계획서는 창업에 도움을 줄 제삼자, 즉 동업자, 출자자, 금융기관, 매입처, 매출처, 일반 고객에 이르기까지 사업과 관련 있는 자들의 의사결정 자료로 활용되기 때문에 정확하고 객관적이며, 창업할 업종에 대한 전문적인 지식과 향후 사업 추진내용에 있어서 기존의 점포들과 차별화된 독창성이 있어야 한다.

(3) 사업계획서 작성 요령

첫째, 사업계획서는 창업자 자신이 가지고 있는 목표 아이템을 제삼자에게 설득력 있게 이해시킬 수 있도록 보편타당성 있게 작성되어야 한다. 아울러 시장 조사기관 등의 증빙 자료를 근거로 시장수요조사와 점포입지에 대한 분석하고, 예상되는 매출액과 수익성도 합리적인 방법으로 객관성 있게 추정하여야 한다.

둘째, 자금 조달 운용 계획은 구체적으로 실현 가능성이 커야 한다. 창업자 자신이 조달 가능한 현금과 예금 및 담보 등에 의한 조달 금액을 구체화하여 공급자 또는 조력자 등의 제삼자에게 자금 조달 능력의 신뢰성을 인식시킨다. 또한, 자금 조달 범위 내에서 정확한 필요자금 사정이 명시되어야 한다.

셋째, 계획 사업에 잠재된 문제점과 향후 발생 가능한 위험요소를 심층 분석하고, 예기치 못한 사정으로 창업이 지연되거나 불가능하게 되지 않도록 다각도에 걸친 점검이 필요하다. 특히 종업원 확보, 강력한 경·상품이나 업체의 출현, 급격한 가격 인상, 상품의 품질과 관련된 문제 제기의 가능성 등에 대해서도 사업계획서에서 확실히 짚어 두어야 한다.

2) 사업계획서 주요 내용

사업계획서는 요구하는 기관마다 양식이 조금씩 다르므로 아직 하나로 통일된 양식은 없다. 그러나 창업과 관련되어 필요로 하는 사업계획서는 주요 내용이 대개 비슷하게 마련이다. 따라서 공통성을 지니는 핵심사항만 이해하고 있으면 제출기관의 요구에 따라 얼마든지 신축성 있게 사업계획서의 내용을 가감해 갈 수 있다. 창업자를 위한 사업계획서의 공통사항이 될 만한 내용과 기재 방법을 요약하면 다음과 같다.

일반사항
- (가칭) 상호: 업종 창업할 회사의 상호와 업종을 기재
- 창업자(대표자) 인적사항: 창업자(대표자)의 학력, 경력, 자격취득사항, 상벌사항 등 인적사항을 기재
- 사업장의 (예상)위치 및 주소: (예상)사업장의 주소지, 대지 및 공장의 규모, 위치 등을 기재
- 경영진, 기술진 인적사항: 경영진, 기술자의 학력, 경력, 자격취득, 상벌 등 인적사항을 기재

-경영진, 기술진 인적사항: 경영진, 기술자의 학력, 경력, 자격취득, 상벌 등 인적사항을 기재

사업의 개요
-사업의 내용과 목적: 어떤 사업인지 제삼자가 충분히 이해할 수 있도록 설명하고 회사를 설립하게 된 목적과 향후의 사업추진 방향 등을 기재

생산제품의 소개
-주 생산품의 소개: 주로 생산하고자 하는 제품명, 규격, 주요 수요처 등을 기재
-기타 생산품: 기타 생산품의 품명, 규격, 주요 수요처 등을 기재
-제품 설명: 제품의 용도, 특성, 제조공정 등을 요약하여 기재

제품의 시장 현황
-동종 업계의 전반적 현황: 동종 업계의 현황, 예상되는 전망, 시장변경요인 등을 요약하여 기재
-총 예상 시장규모: 5년간에 걸쳐 예상되는 전체 시장의 매출 규모를 기재
-예상 시장점유율: 5년간에 걸쳐 예상되는 자사 제품의 시장점유율을 기재
-시장진입 방법: 목표한 시장점유율을 달성하기 위한 구체적인 시장 진입 방법을 기재

생산 계획

- 생산공정: 제품의 생산과정을 공정별로 도표로 표시
- 자체 생산 계획: 계획된 생산설비, 종업원의 수, 예상 판매량을 기준으로 하여 5년간의 생산 계획을 기재
- 외부 생산 계획: 자체 생산이 어려운 부품 및 아이템에 대한 5년간의 외부 생산 계획을 게재

판매 계획

- 판매 방법: 도·소매, 납품, 수출 등 판매 방법별로 장단점을 요약하여 기재
- 가격 책정: 생산원가, 적정이윤, 경쟁상품의 가격 등을 고려하여 적절히 책정
- A/S 계획: A/S 인력수급, A/S 조직망, A/S 부품 공급 계획 등을 기재
- 내수판매 계획: 5년간의 국내 판매 계획을 기재
- 수출 계획: 5년간의 수출 계획을 기재

설비투자 계획

- 생산, 기계설비 계획: 설치하고자 하는 기계, 설비의 명칭, 규격, 용도, 단가, 수량, 소요 금액 등을 기재
- 기계설비 구매 내용: 기계설비를 어떤 곳으로부터 어떤 조건으로 얼마나 구매할 것인가를 기재

인력수급 계획 및 조직표

-업무수행체계도와 조직편성표: 업무를 수행하는 과정을 도표로 나타내고 그 업무를 수행하는 데 필요한 조직편성표를 작성

-부서별, 직책별 소요 인원: 5년간에 걸쳐 생산 및 판매 계획에 맞는 인력수급 계획을 기재

-고용 계획: 5년간에 걸쳐 부족한 인력을 보충하기 위한 고용 계획을 기재

원부자재 조달 계획

-국내 조달 계획: 5년간에 걸쳐 국내 시장에서 조달하고자 하는 원부자재의 수량과 금액을 기재

-해외 조달 계획: 5년간에 걸쳐 해외에서 조달하고자 하는 원부자재의 수량과 금액을 기재

재무 계획

-추정 손익계산서: 5년간에 걸친 추정 손익계산서

-추정 대차대조표: 5년간에 걸친 추정 대차대조표

-추정 재무상태변동표: 5년간에 걸친 추정 재무상태변동표

-추정 제조원가명세서: 5년간에 걸친 추정 제조원가명세서

-손익분기점 분석: 수입과 지출이 균형을 이루는 시점과 향후 추이를 분석

-추정 감가상각비명세서: 5년간에 걸친 추정 감가상각비명세서

자금수급 계획

- 총 소요 자금의 내용: 향후 5년간에 걸쳐 예상되는 시설자금, 창업자금, 운전자금 등 총 소요자금을 기재
- 자금 조달 계획: 5년간에 걸쳐 예상되는 총 자금을 조달하면서 자기자본과 타인자본을 어떤 비율로 어떻게 조달할 것인지를 기재
- 차입금 상환계획서: 타인자본 중 차입금으로 조달된 자금의 5년간에 걸쳐 어떻게 얼마씩 상환할 것인지를 기재

사업추진 계획 일정표

- 계획 사업을 정상적으로 가동할 수 있을 때까지의 사업추진 계획을 월별로 구분하여 도표로 작성
- 사업계획서의 핵심내용 중에서 가장 핵심이 되는 요소는 생산 계획, 판매 계획, 자금 계획

3) 사업계획서 작성 시 유의사항

- 창업의 목적이 개인적인 이익을 추구하는 것이 아니고 공공의 이익을 위한 것이어야 한다.
- 사업 내용이 차별화되도록 노력한다. 특징이 없으면 성공할 수 없다.
- 틈새시장을 집중적으로 공격할 전략을 제시한다.
- 구체적인 숫자의 예측으로부터 사업이 성공할 것이라는 객관적인 자료를 보인다.
- 제품의 가격, 이윤, 판매량, 시장점유율 등을 예측할 때는 지나치게

낙관적인 자세로 임하지 않는다.

- 회사의 소요자본, 운영비를 너무 적게 예측하지 않는다.
- 예상되는 경쟁 관계를 과소평가하지 않는다.
- 일회용 히트 기술로는 회사가 지속할 수 없다. 지속적인 기술진보와 제품 향상이 이루어질 수 있는 것이어야 한다.
- 투자자를 찾을 때는 어떤 형태(경영에 관여할 사람 또는 단순히 투자에만 관심이 있는 전문 투자자)의 투자자를 원하는지 명확히 정의하여야 한다.

4) 사업계획서 목차(예시)

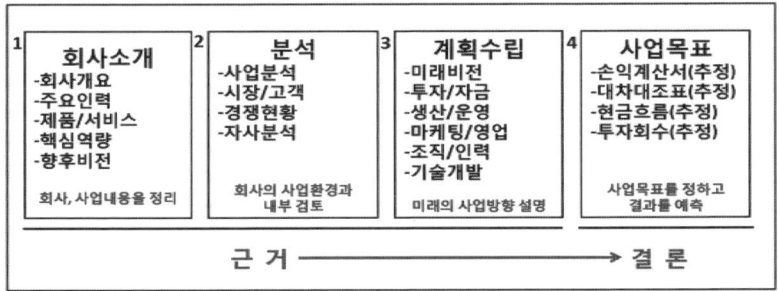

깊은 물

도종환

물이 깊어야 큰 배가 온다
얕은 물에는 술잔 하나 뜨지 못한다
이 저녁 그대 가슴엔 종이배 하나라도 뜨는가
돌아오는 길에도 시간의 물살에 쫓기는 그대는

얕은 물은 잔돌만 만나도 소란스러운데
큰 물은 깊어서 소리가 없다
그대 오늘은 또 얼마나 소리치며 흘러갔는가
굽이 많은 이 세상의 시냇가 여울을

참고문헌

- 『기술창업 안내서』, 한국기술벤처재단, 2020.
- 한국평가데이터(주) (www.kodata.co.kr), 기업신용등급산정기준, 2022.3.
- 『왜 나는 사업부터 배웠는가?』, 송성근, 다산북스, 2019.1.
- 『사람의 마을에 꽃이 진다』, 도종환, 문학동네, 2011.11.

이완기 LEE WAN KI

학력
· 부산 중앙고등학교 졸업(1984년)
· 고려대학교 경제학과 졸업(1992년)

주요 경력
· LG CNS
· ㈜쌍용((현) ㈜GS글로벌) 기계부
· 벤처 제조기업 부장, 무역회사 총괄본부장
· SC제일은행 기업 금융 지점장
· 5060인천 부평 인생학교9기 회장(2022~현재)
· 고려대학교 교우회 상임이사(2015~현재)
· 고려대학교 85학번 동기회장(2020~2021)
· 고려대학교 경제학과 사무총장(2018~2019)
· 부산 중앙고 재경 사무총장(2013~2014)

자격사항

· 신용 분석사·중소기업금융상담사

· 국제무역사·외환 전문 역 2종

· 무역 영어 1급·파생상품 투자상담사

· 펀드투자상담사·인발기능사

· 유통관리사 3급

저서

· 『해가 지지 않는 골목을 거닐며』 인천 삼산도서관(시집 공저), 도서 출판 미소, 2020.

· 『여행, 나를 찾는 시간』 인천 삼산도서관(여행에세이 공저), 도서 출판 미소, 2018.

· 『글과 삶의 어울림, 굴포천 이야기』 인천 부평 평생학습관(문집 공저), 세명사, 2022.6.

수상내역

· SC제일은행 NEW START IDEA 제안 2등 상

스린이가 바라보는
스타트업의 세계

김시유

◯ 스린이(스타트업 어린이)가 풀어 쓰는 쉬운 스타트업

1) 젊은층이 생각하고 바라보는 스타트업이란?

우선 이 글은 스린이인 내가 풀어 쓰는 스타트업에 대한 이야기다. 스타트업에 직접 뛰어들지는 않았지만, 보육 및 운영을 지원하며 옆에서 보고 배운 다양한 이야기를 녹여 내고자 한다. 스린이 경력으로 쓰는 글이기 때문에 초보가 아닌 경우에는 이 글이 맞지 않을 수 있고, 물론 어느 글이든 그렇겠지만 주관적일 수 있다는 말을 서두에 남기고 시작하고자 한다.

(1) MZ세대의 퇴사율이 높다고?

젊은층이 생각하고 바라보는 스타트업은 어떨까? 욜로족을 들어 보았는가? (예스) 딩크족을 들어 보았는가? (예스) MZ세대도 들어 보았을 것이다.

취업플랫폼 사람인이 지난해 500개 기업 대상 '1년 이내 조기퇴사자' 현황에 대해 조사한 결과를 볼 때, 응답 기업의 49.2%는 'MZ세대의 조기퇴사율이 높다'는 답을 했다. 그리고 다음 그림을 보면 4년 사이 조기퇴사율이 56% 상승했다. 왜일까?

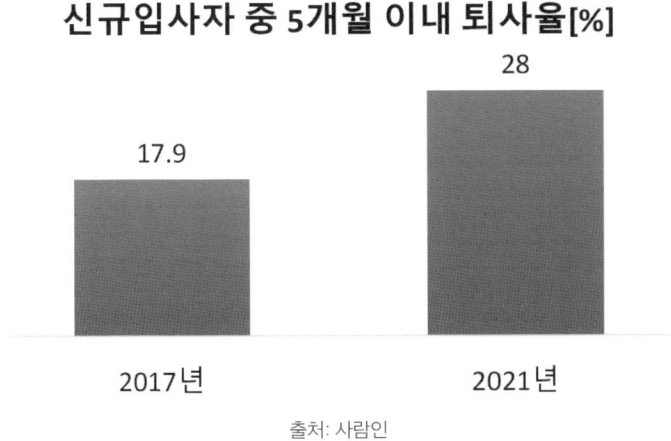

조기퇴사율

출처: 사람인

젊은층은 보다 자신, 개인의 삶을 우위에 둔다. 나 또한, 젊은층으로 이에 동의하고, 당연하다고 생각한다. 스타트업을 하려는 목적도 회사 생활 속에서 개인의 삶에 대한 회의를 느끼는 등 자신이 원하는 방향의 삶을 살기 위한 이유도 있다. 예를 들면, 어떤 기업에 입사 준비를 한다면, 그 기업이 가고자 하는 방향과 나의 방향이 맞는 경우가 얼마나 있을까? 월급과 복지를 보고 들어가는 경우가 많지 않은가? 그래, 그럼 그 기업이 가고자 하는 방향이 나의 방향과 맞다고 가정하자. 그렇다 해도, 부서마다 분위기도 다르고, 일에 대한 자세도 다르다. 하다못해, 직속 상사와의 갈등이 없는 사람은 얼마나 있겠는가. 하루에 가장 많이 상대하는 사람이 직속 상사 아니겠는가. 나의 삶은, 나의 하루하루의 일상, 그리고 그 안에서 내가 생각하고 느끼는 바가 모두 소중하지 않은가? 그렇기에 '내가 원하는 방향은 이게 아닌데, 빨리 코인이나 대박 나서 퇴사하고 돈 많은 백수가 되어야지'라는 생각을 하게 되는 것이다. 퇴사를 위해 로또를 사는 사람들을 보아라. 로또는 MZ에만 해당하지 않는다. 주식도 마찬가지다. 기성세대도 마음은 같다. 그저 정도의 차이가 있을 뿐이다. 기성세대의 경우, 조금 더 참고 일하는 문화가 있었다면, 젊은층은 개인의 삶이 더 중요하기에 퇴사율도 높다.

그리고 요즘은 능력의 시대다. IT가 대중화된 만큼, 자신이 배우고자, 알고자 하는 것도 배울 수 있는 기회가 많아졌으며, 뭐 하나만 잘해도 대박 나는 경우가 정말 많지 않은가. 오히려 여러 가지를 조금씩 애매하게 잘하는 경우에는 어떤 길을 가야 할지 더욱 갈피를 잡지 못하게 된다. 자신이 무엇 하나만 잘하거나 적성에 맞는 걸 찾게 되면 그쪽으로 발전시키며 나아간다. 그렇다. 개인의 삶이 중요하기에 자신의 능력에 맞게 발전시키며, 자신의 꿈을 이루기 위해 나아가는 발판 중 하나로 스타트업이 있는 것이다.

필자는 예전 배수지가 주연으로 나왔던 드라마를 보면서 스타트업에 대한 막연한 꿈을 키우고 있다. 물론, 이 스타트업에 직접 동참할지, 아니면 스타트업 관련 업계에 내 꿈을 키워 갈지는 아직 결정하진 못했다. 지피지기면 백전백승이라고, 꾸준히 알아 가고자 계속 노력한 후에 내 꿈을 결정해도 늦지 않았다고 생각한다. 성격이 그렇게까지 느긋한 편도 아니기에, 곧 답이 나올 거라 믿는다.

스타트업, 정말 매력적이다. 상상을 현실로 만드는, 남이 꾸지 못한 꿈을 현실로 만드는 게 스타트업의 세계가 아닐까? 가슴이 웅장하지 않은가? (쿵쾅쿵쾅) 사실 이 말 안에는 무서운 의미도 있다. 꿈을 현실로 만든다면? 스타트업의 세계는 때로 살벌하다. 내가 정말 천재라서 나만이 할 수 있는 기술이 아니라면, 보통의 내가 꿈꾸고 있는 아이디어는 다른 사람도 꿈꾸고 있다는 것을 꼭 명심해야 한다. 만약 이에 대해 의심이 든다면, 아이디어를 고민해 보고, KIPRIS(http://www.kipris.or.kr/khome/main.jsp)에서 검색해 보자. 필자도 예전에 특허로 돈을 벌어 보자는 생각에 매일 많은 고민을 하고, 이 정도면 되겠다 싶어 혹시나 관련한 특허가 있나 검색해 보았다. 검색결과는 '와우'였다. 1990년대에서 나와 비슷한 생각을 한 사람이 있었다니 말이다.

(2) 스타트업 어떤 걸 해야 할까?

스타트업, 사업을 해 볼까 하는 생각, 다들 한 번쯤 꿈꿔 봤을지 모른다. 그럼 어떤 사업을 해야 할까? 다양한 사업분야가 나올 수 있다. 이때, '중요한 것은 사업성이 있는가'이다. 인간의 욕망은 무한하고, 그만큼 물건이든 사업이든 다양한 욕망이 있을 것이다. 그런데 무작정 달려들어서는 안 된다. 내가 하고자 하는 사업이 정말 사업성이 있는가, 다시 말해 잘될 사업인지 면밀한 검토가 필요하다. 검토는 사실, 검색을 하면서 계속 직접 파고들어서 그 분야에 대해 깊게 스스로 파악하고, 관련한 믿을 수 있는 전문가와 네트워킹을 하는 것도 좋다. 자신의 아이디어에 대한 자신감은 좋지만, 장단점에 대한 객관적인 인식이 정말 중요하다. 무슨 일이든지 가슴은 뜨겁게, 머리는 차갑게. 한 번쯤 들어 보지 않았는가? 쉬운 건 아니지만 말이다.

그렇다면 여기서 내가 말하고자 하는 스타트업에서 중요한 것은 무엇일까? 바로 추진력이다. 하지만 추진력만 있으면 될까? 물론 예상했듯이 정답은 아니다. 그렇다. 스타트업이 정말 쉬운 건 아니다. 하지만 정말 매력적이라서, 이를 통해 실패를 했든, 성공을 했든 분명 무언가 얻는 게 있을 것이다. 그럼 여기서 또 드는 여러 질문 중 하나, '뭐가 매력적이라는 거야?' 이건 상당히 주관적인 취향이나, 뭔가 열정적으로 도전해 본다는 게 얼마나 매력적인가?

30대인 필자는 나이 들면서 몸도 예전 같지가 않다. '진작 운동할 걸, 뭐할 걸. 그래 젊을 때 여행 많이 다녀 다행이다. 나이 드니 가고 싶지 않구나', 뭐 이런 생각뿐이다. 주변에 스타트업 관련 종사자들이 많은데, 그분들도 보면 내 나이는 이제 글렀다느니 젊을 때 해 보는 게 정말 좋은 것 같다는 의견이 많다. 그런데 이것도 30대는 20대에게, 40대는 30대에게 이런 말을 한다는 것이다. 나이 들어도 할 수 있고, 사람마다 신체적 나이도 다르다. 하지만 인간은 노력하기 나름이라고, 어떤 트리거만 작용한다면, 노력에 의해 바뀔 수 있다고 생각한다(그래서 필자도 계속해서 트리거만 있으면 되니 조금만 더 이 느긋함을 즐기자며 뒤로 미루고 있는 중이다. 필자는 지금도 반성하며, 조금씩 앞으로 나아가는 중이다). 여기서 하고자 하는 말은 나이가 크게 중요하겠는가, 다들 알듯이 나이는 숫자에 불과하다. 그래, 중요한 건 준비물이다.

(3) 스타트업 준비물

건강한 정신과 건강한 신체는 기본. 거기에 하고자 하는 도전 욕구와 그를 뒷받침하는 아이디어와 추진력, 리더십, 전문지식 등등. 하지만 또 이런 생각을 할지도 모른다. '뒷받침하는 게 너무 많은데?' 너무 날로 먹으려는 것이 아닌가. 하지만 내가 그 모든 준비물에 상위권이 아니라면, 일부에서만 두각을 나타내도 좋다. 예를 들어 그 아이디어에 대한 전문 지식이나, 사업을 보는 눈이라던가.

이때, 더 중요한 것은 자신의 장단점을 정확히 알고 있는 것이다. 당연한 애기겠지만, 자신에 대한 장단점을 알아야, 계속해서 발전할 수 있지 않겠는가? 그렇다면 단점을 알면 어떻게 할까? 예를 들면, '난 사업 운영 관련해서 이런 재무적인 게 너무 어렵다. 난 디자인을 못하는데, 어떻게 할까'. 이에 대한 답변은 Co-Worker이다. Co-Worker와 함께 시너지를 만들어 가면 되는 것이다. 그러니 뭐든지, 내가 하고자 하는 의지와 욕구가 있다면 이에 부족한 부분을 계속 채워 나가며 발전시키면 되는 것이다.

(4) 스타트업 생존율

다른 말 필요 없다. 아래의 차트를 보자.

5년 후 스타트업 생존률[%]

출처: 2021 상공회의소 자료

5년 후 스타트업 생존율 29.2%, 즉 3명 중 1명만 생존한다는 것이다. 그리고 해가 지날수록 생존율은 15%p 내외로 하락한다고 하니, 꽤 리스크가 있는 것이다. 그리고 생존하는 것도 물론 중요한 문제지만 우리가 원하는 게 단순히 하고자 하는 일을 하는 것이 아닌 대박을 터뜨리는 거라면, 수치는 더더욱 떨어질 것이다. 그럼 어떻게 하면 좋을까. 생존율이 올라갈 만한 방법은 없을까?

자, 많이 기다렸다. 내가 전달하고자 하는 두 번째 문장 나가겠다. 다양한 지원을 통해 스타트업의 생존율을 높이자.

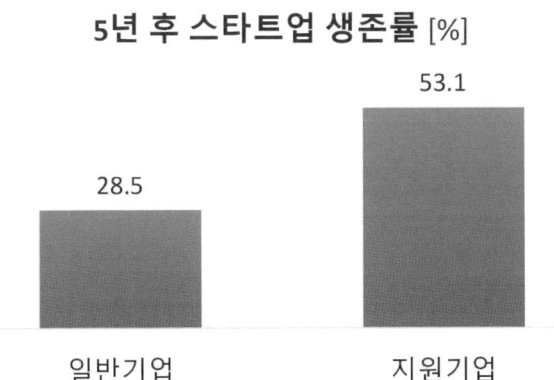

출처: 중기부 보도자료 2019(자료기준: 2017)

위 차트는 2019년 중기부 보도자료를 참고한 자료로, 일반기업과 지원받은 기업 간 스타트업 생존율이 2배 가까이 차이가 난다는 사실을 확인 할 수 있다. 그렇다. 스타트업의 생존을 위한 각종 지원 프로그램은 자본이 충분하지 않은 일반적인 스타트업이라면, 해야만 하는 것(Must)인 것이다. 지원 프로그램은 정말 다양하다. 앞서 다른 저자들이 다양한 지원 프로그램에 대해 소개하고 있어, 필자와 중복되는 내용이 있을 수 있고, 나의 내용이 조금 부족할 수도 있으므로, 이 책에 있는 다양한 이야기를 참고하면 좋을 것이다.

○ 스타트업을 어떻게 시작하면 좋을까?

1) 여러 스타트업 지원 정책과 시기에 대한 이야기

(1) 지원 프로그램의 추이

　정부 및 여러 기관에서 스타트업 지원 프로그램에 지원을 집중하고 있다. 올해(2022년)의 정부 창업 지원사업은 378개, 총 3조 6,668억 원 규모이며 분야도 다양하다. 탄소중립, 빅3, 감염병 등 신산업, 그리고 사회 산업 각 분야를 혁신적으로 이끌 스타트업에 주목하고 있다. 바야흐로, 스마트 시대에 맞춰 전통 산업분야의 스마트화에도 변화를 촉진할 계획이다. 2016 통합공고 시작 이래 처음으로 이번 통합공고에 창업 지원사업을 시행하는 중앙부처 및 지자체 모든 기관이 참여했고, 사업유형에서도 융자 사업(2조 220억 원)이 최초로 포함됐다. 지원기관(14개 중앙부처, 17개 광역지자체, 63개 기초지자체)과 대상 사업(378개 사업), 지원예산(3조 6,668억 원) 모두 역대 최대 규모이다. 또한, 전년과 동일한 항목에 대해서만 비교해도 지원예산이 2021년 1조 4,623억 원에서 2022년 1조 6,243억 원으로 역대 최대 규모로, 기술혁신과 일자리 창출의 보고로서 창업지원에 대한 중요성을 인정받은 셈이다.

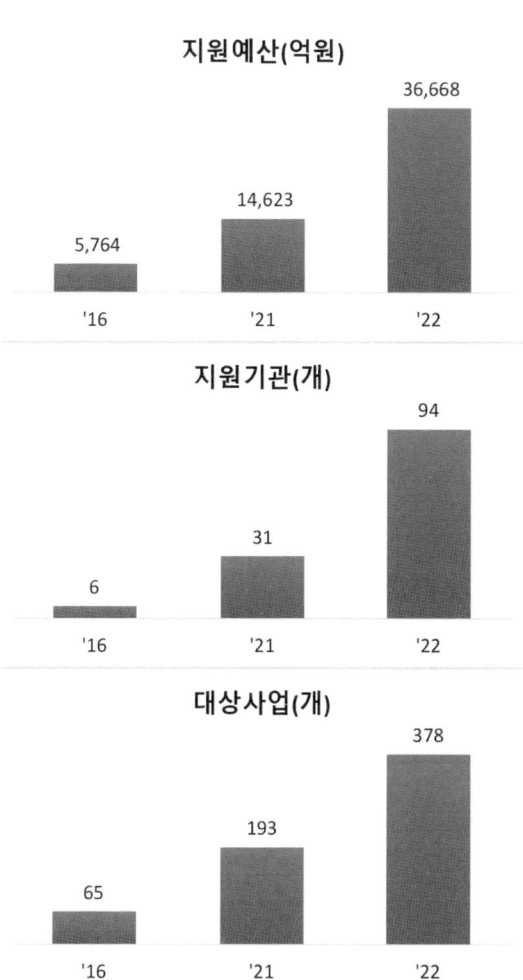

그리고 민간기업에서도 지원에 열을 올리고 있다. 우수한 역량의 스타트업을 우선 선점하기 위한 다양한 기업들의 창업 지원 프로그램이 그 예이다. 이런 민간기업의 창업지원 프로그램에 대한 자세한 정보는 'K-Global 프로젝트_민관합동 통합설명회'라는 YouTube 채널 구독을 추천한다. 아직 많이 알려져 있지 않지만, 각 민관기업의 담당자들이 직접 나와 피피티와 함께 설명하기 때문에 쉽게 자세한 정보를 얻을 수 있는 곳이다. 하지만 주의할 점은 여기에 나오는 기관이 전부가 아니라는 점이다. 이곳에 참여하는 민관합동에는 K-Global이라는 브랜드에 속하는 것도 있고, 속하지 않는 것도 있다. 그래서 여기서 각 민관합동 설명회를 통해 보고, 각각 해당하는 정부부처나 민간기업, 창업기관 사이트에 들어가 보는 것을 추천한다. 현재 다양한 지원사업이 있기 때문에 몰라서 못 받는 지원이 발생하는 경우도 많을 것이다. 또한, 그 지원분야도 매우 다양하므로, 분명 자신이 원하는 방향의 지원이 있을 것이라 생각한다.

K-Global 프로젝트 YouTube 채널

(2) 그때그때 달라요- 시기의 중요성!

성장 단계별 정부 창업 지원사업

구 분	창업준비	창업초기	창업도약	혁신성장
정책목표	창업저변 확대를 통한 창업마인드 제고	우수 아이디어의 사업화 지원을 통한 창업 촉진	죽음의 계곡 극복	창업기업의 성장 지원을 통해 중기업으로 육성
주요사업	• 예비창업패키지 • 청소년비즈쿨 • 실전창업교육 • 멘토링플랫폼 운영지원 • 사내벤처 육성 • 창업성공패키지 • 창업 인프라 지원	• 초기창업패키지 • 1인창조기업 활성화 • 창업기업지원 서비스 바우처	• 창업도약패키지	• 혁신분야 창업 패키지 • 아기유니콘200
	-	• 민관협력창업자육성 • 창업생태계 기반 구축		
	• 지역기반 로컬크리에이터 활성화 • 도전 K-스타트업			
지원대상	창업에 관심을 가진 학생, 일반인 및 예비창업자 등	창업~3년 이내 창업 초기기업	7년 이내 창업기업	

스타트업을 지원하는 프로그램이 다양하고, 내가 원하는 프로그램이 있다고 할 때, 바로 지원할 수 있다면 얼마나 좋겠는가. 하지만 맞춤형 지원을 위해 시기마다 지원할 수 있는 프로그램이 다르다.

사실 위 표로 많은 것이 설명될 것이라 생각한다. 다만, 각 주요별 사업의 경우에는, 같은 단계에 있는 경우 중복지원이 되지 않는 경우가 있기 때문에, 자신이 하고자 하는 것을 잘 확인하여 진행해야 한다. 예를 들어, 창업초기에 받을 수 있는 지원을 받고 나면 예비창업패키지는 지원이 어려울 수 있다. 이미 그 후 단계를 지원받고 있기 때문에 창업준비 단계는 지난 것으로 간주되기 때문이다. 다른 예시로 창업초기 프로그램을 지원(창업~3년 이내)하는 사업의 경우에는 창업 3~7년 차 창업 도약 단계 기업을 지원하는 창업도약패키지, 민관협력창업자육성(TIPS 연계지원), 청년창업사관학교 등의 지원을 받은 기업의 참여는 제한하게 된다. 그 외, 같은 단계의 경우, 사업 간의 참여 가능 여부는 반드시 해당 사업공고문을 통해 확인하여야 한다.

(3) 민간기업 지원 프로그램

민간기업에서도 스타트업에 많은 관심이 있다. 예를 들면, 민간기업에서 사내벤처제도를 통해 스타트업을 육성한 지도 꽤 시간이 지났다. 삼성SDS의 사내벤처였던 네이버, LG데이콤의 사내벤처 인터파크, SK의 사내벤처 SK엔카를 보면 알 수 있을 것이다. 이런 창업에 대한 지원은 사내에서 사외로 확장되고 있다.

국내 대기업 최초 스타트업 발굴·육성 프로그램인 POSCO Idea Marketplace는 2011년부터 운영 중이며 현재 4월 기준 134개사 218억 원을 투자했다. 현대차도 2018년부터 '제로원 액셀러레이터'라는 프로그램을 운영 중이며, 삼성은 C-Lab Outside를 운영하며, 지난 CES 2022에서 혁신상 21개를 포함해 총 108개의 어워드를 수상하기도 했다. LG 그룹은 LG커넥트, SK이노베이션의 경우 친환경 스타트업 육성 프로그램인 '에그'를 운영 중이다. 이런 대기업의 스타트업 투자는 재무적 지원 및 다양한 보육은 물론, 다양한 사업 기회와 경험을 제공할 수 있기 때문에 스타트업들에 많은 도움이 될 수 있다. 그래서 경쟁률이 높았지만, 계속해서 민간기업들의 벤처 지원이 늘어나고 있어 앞으로는 대기업 사이에서도 더 좋은 스타트업을 유치하기 위한 경쟁이 심화될 것으로 전망하고 있다.

대기업 스타트업 육성 프로그램 모집 시기 및 대상 일부

구 분	POSCO Idea Market Place	SAMSUNG C-lab Outside	HYUNDAI ZER01NE ACCELERATOR	KT Biz Collaboration
모집시기	2월, 6월 (연 2회)	매년 7월	상, 하반기	3,5,7월
모집대상	예비창업 ~ 3년이내 (Seed 투자)	5년 이내 국내 스타트업	Seed ~ 시리즈 B	창업 7년 이내 또는 벤처인증 기업

위 그림의 기업 외에도 카카오 벤처스, 롯데벤처스, 신용보증기금, SK Telecom 등 다양한 기업에서 프로그램을 운영하고 있으니 민간기업의 정보도 많이 검색하고, 참고하면 좋을 것이다. 또한 유명 해외 VC의 한국지사에서도 관련한 프로그램이 있을 것이니, 자신에게 필요한 분야를 지원해 줄 프로그램을 잘 모색하는 것이 필요하다. 함께 시너지를 낼 수 있는 기업을 찾아 스타트업의 역량을 최대한 이끌어 낼 수 있도록 말이다.

(4) 스타트업의 미래

우리나라는 스타트업의 양적 증가는 이루었지만, 아직 질적 증가는 이루지 못했다는 이야기가 많다. 아쉬운 점은 스타트업의 경우에도, 자신과 비슷한 사업분야에 대한 인지도 제대로 하지 않은 채로, 자신의 사업을 확장해 가는 경우가 많다. 이미 자신의 사업 내용을 포함해 더 많은 것을 확장시킨 기업들이 커 가고 있는 데도 말이다. 적을 알고 나를 알면 백전백승이라는 말이 있다. 내가 하고자 하는 사업의 분야도 냉정

한 눈으로 바라볼 필요가 있다. 내가 하고자 하는 말은 동일한 산업분야라 안 된다는 말이 절대 아니다. 비슷한 산업분야라면, 내가 경쟁사들보다 어떤 장점이 있는지 정확하게 짚고 사업을 발전시켜야 한다. 사업 지원을 받고자 할 때 투자하는 입장에서 가장 관심 있는 것은 무엇일까 생각해 보자. 기발한 정도일까? 세상에 재밌고 흥미로운 사업은 정말 많다. 하지만, 투자를 진행할 경우에는 해당 사업의 재미와 흥미가 아니라, 사업성을 보게 된다. 사업성이라는 말은 앞에서도 언급한 적이 있는데, 필자의 경우 사업성이란, 어떻게 해서 많은 수익을 창출할 수 있을지, 이를 위해 어떤 활동을 하고, 경쟁사들과의 차별점이 확실히 승부수를 둘 수 있는지가 포인트일 것이다. 또한, 대표자도 유심히 보게 될 것이다. 정말 책임감 있는지, 자신감 있는 사람인지, 얼마나 노력해 왔는지를 평가할 것이다.

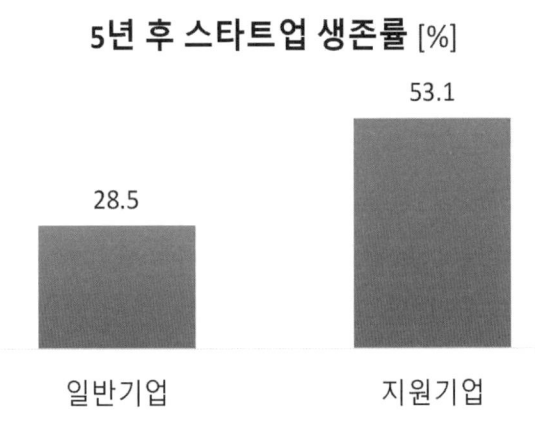

출처: 중기부 보도자료 2019(자료기준: 2017)

우선 생존을 위해서는 자신의 사업의 사업성을 잘 살려서 관련 지원

서류를 준비하여 지원을 받도록 하자. 이것은 베이스라고 할 수 있다. 미리미리 시기를 세워 지원받을 수 있는 것은 지원받아 자신의 사업의 기반을 다지도록 하자.

 스타트업의 대표가 된다는 것은 학교나 직장과는 다른 정말 자신이 모든 것을 개척해 나가야 하는 것이다. 그만큼 리스크도 높고, 자율성도 높다. 필자의 지인 중에서는 스타트업의 대표가 되고 나서 오히려 얼굴색이 좋아진 분도 계신다. 물론 그 반대인 경우도 있지만 말이다. 모든 것은 자기 하기 나름이라는 말이 있지 않은가. 너무 겁내지 말고, 자만하지 말고, 겸손하고, 성실하게, 한 분야의 최고를 위해 도전해 나간다면 분명 좋은 일이 있을 것이다.

 그리고 지원 프로그램에서 떨어질 수도 있지만, 배우는 것도 있다. 바로 자신의 부족한 점과 네트워킹을 통한 인맥 형성이다. 잘 몰랐던 사업의 정보나 나의 단점을 그런 지원과정을 통해 배울 기회도 많다. 그리고 이리저리 많은 사람들을 만나 네트워킹하는 것 또한 장점 중의 장점이니 지원 프로그램에 참여하여 여러모로 많이 배우며 성장하여, 사업도 자신도 모두 성장하여 나아가는 기회가 되길 바란다. 대한민국 스타트업 그리고 유니콘을 향해! 파이팅!

참고문헌

· 사람인(www.saramin.co.kr) 보도 자료
· 상공회의소(www.korcham.net) 보도 자료
· 중소벤처기업부(www.mss.go.kr) 보도 자료

김시유 KIM SI YOU

주요 경력
· 대기업 벤처지원 운영 지원

스타트업의 시작, 예비창업패키지

이상창

국내 벤처시장과 예비창업패키지

1) 뜨거운 국내 벤처시장

'취업보다 창업' '제2의 벤처붐' '글로벌 4대 벤처강국, 대한민국', 인터넷 뉴스에 '벤처'라는 키워드를 쳐 보면 어렵지 않게 확인할 수 있는 기사 제목들이다. 과연 요즘처럼 벤처시장이 뜨거웠던 적이 있을까? 2021년 기준 국내 벤처시장 규모는 7.7조이며, 이는 작년 4.3조 대비 무려 79%나 증가한 수치이다. 투자가 많이 이뤄진 분야를 순서대로 살펴보면 ICT(32%)가 가장 높은 비율이었으며, 바이오(22%) 및 서비스(19%) 순으로 투자금이 집중되었음을 알 수 있다. 다만, 2021년 기준 국내 벤처기업의 분야별 분포를 살펴보면 투자로 연결되는 분야와는 다소 차이가 있다. 대한민국 벤처의 가장 큰 비중은 제조업(62%)이며 그 다음이 ICT(20%), 연구개발(3%) 순이다. 이를 통해 현재 대한민국의 벤처는 소재, 부품, 장비 중심의 산업에서 ICT와 바이오분야 중심으로 바뀌어 가고 있다는 것을 알 수 있다.

이러한 추세에 발맞춰, 국내 벤처 관련 지원 프로그램 또한 많이 생겨나고 있다. 중기부에서 진행하는 여러 벤처 지원 프로그램 (예창패, 초창패, 창도패, TIPS 등) 및 각종 행사(도전 K 스타트업, 각종 스타트업 페스티벌 등)에서부터 각 지자체에서 진행하는 단발성 프로그램도 많이 있다. 뿐만 아니라, 국내 대기업까지도 동반성장 가치 실현 및 상생의 관점에서,

또한 미래 유망분야에 대한 사업화 가능성을 빠르게 확인해 볼 수 있다는 점에서 벤처기업의 발굴, 육성, 투자 사업에 뛰어들고 있다.

오늘은 여러 가지 정부 프로그램 중 스타트업을 시작하는 단계에서 가장 먼저 생각해 볼 수 있는 예비창업패키지에 대해 그간 벤처기업들을 만나 보고 느낀 점들을 중심으로 소개해 보고자 한다.

2) Best Choice, 예비창업패키지

예비창업패키지는 벤처를 제일 처음 시작하는 이들에게 있어서 가장 효율적인 지원 프로그램이다. 중소벤처기업부 주관, 최대 1억 원까지 지원이 가능하며(평균 5천만 원 수준으로 지원), 일반적으로 투자받은 돈에 대한 회수 의무가 없어서 자유도가 상당히 높은 돈이다. 물론, 지원 조건을 속이거나 적절하지 못한 항목에 해당하는 경우 금액 회수를 당할 수 있으나 일반적인 수준에서 이야기한다면 위험이 높지 않은 게 사실이다. 좋은 아이디어만 가지고 있다면 국가에서 돈을 지원해 주다니, 이 얼마나 매력적인 일인가?

국내 예비창업패키지는 2021년 기준 총 48개의 주관기관이 있으며 평균적으로 6:1의 경쟁률을 보인다. 창업새내기에게는 단연 최고의 선택지이다. 예비창업패키지의 상세 지원자격은 중소벤처기업부 홈페이지를 참조하길 바라며, 대략적인 자격은 다음과 같다. ① 업종에 상관없이 사업공고일 기준으로 창업 이력이 없을 것, ② 공고일 기준으로 신청자 이름으로 된 사업자등록이 없을 것. 단 ①에 해당하지 않지만, ②에 해당하는 경우 즉 창업 후 폐업을 한 경우 동종 업종 창업예정자라면 폐업 후 3년이 경과되어야 하고, 부도나 파산의 경우에는 2년이 경과되어야 지원이 가능하다. 결국 예비창업패키지는 일부 지원요건만 제대로 갖추고 있다면 누구나 지원할 수 있고, 현재 국내 벤처시장 현황 및 투자 추세를 고려하여 자신이 가장 자신 있어 하는 아이템으로 사업을 구상할 수 있다면 도전해 볼 만한 매력적인 프로그램이다.

○ [서류평가] 사업계획서 작성법

1) 매력적인 사업계획서 작성 필요성

사업계획서는 예비창업패키지의 지원금을 얻기 위해 가장 먼저 넘어야 할 산이다. 사업계획서의 양식은 아래를 참조하여 주길 바라며, 사업계획서 작성 시 가장 중요한 핵심은 한 줄로 요약된 매력적이고 함축적인 사업 아이템 혹은 사업 모델의 설명이다. 평가자들이 가장 먼저 보게 될 문서의 첫 번째 페이지가 사업요약서이며, 5천만 원 이상의 큰돈(1년 연봉 수준)을 얻는 데 매력적인 한 줄 요약은 반드시 필요하다. 실제로 추후 여러 가지 사업설명회 혹은 행사 참가지원서를 작성할 때 또한 매력적인 한 줄 설명이 필요하다. 영화의 포스터와 제목이 매력적이라면 그 영화가 궁금해지는 건 인지상정이다.

사업계획서 양식

※ **목차**

1. 문제인식(Problem)
   - 1-1. 제품, 서비스 개발동기
   - 1-2. 제품, 서비스 목적(필요성)

2. 실현가능성(Solution)
   - 2-1. 제품, 서비스 개발 방안
   - 2-2. 고객 요구사항에 대한 대응 방안

3. 성장 전략(Scale-Up)
   - 3-1. 자금소요 및 조달 계획
   - 3-2. 시장진입 및 성과창출 전략

4. 기업 구성(Team)
   - 4-1. 대표자 및 직원의 보유역량 및 기술보호 노력
   - 4-2. 사회적 가치 실천 계획

2) 완성도 높은 사업계획서 작성 방법

사업계획서는 읽기 쉽게 쓰여야 한다. 평가나 투자를 할 대상자의 사업에 대한 이해도는 제각각이다. 때문에 누구나 알기 쉽게 핵심을 풀어서 설명할 수 있어야 한다. 그렇다고 기존의 사업 아이템이 가지고 있는 기술을 왜곡해서 표현하라는 말은 아니다. 기승전결을 갖추고, 논리적으로 작성하되 너무 특수한 기술적 용어는 지양해야 한다. 아울러, 두괄

식 정리가 필요하며 소제목을 적절히 활용해야 한다. 시각적 자료가 더해지고 숫자가 포함된다면 설득력은 더해진다.

[발표평가] 발표 PPT 작성법

1) 반드시 한 번은 만들어야 할 완성도 높은 발표 PPT

사업 모델을 PPT라는 강력한 포맷을 통해 정리하는 건 서술형식 중심의 서류작성과는 또 다른 이야기다. 하지만, 서류평가에서 충실하게 내용이 작성되어 있다면 발표평가 자료를 작성하는 것은 어렵지 않다. 무엇보다, 이렇게 완성도 높게 작성된 PPT는 향후 벤처캐피탈 대상 투자설명회 유치에도 활용될 수 있으며, 각종 정부 및 지자체, 대기업 주관 행사에 지원할 때도 활용될 수 있다. 아무리 좋은 아이템을 가지고 있더라도 다른 사람에게 완성도 있게 표현되지 못한다면 그건 다이아몬드가 아닌 돌멩이로밖에 비춰지지 않는다는 사실을 알아야 한다.

2) 매력적인 발표평가 작성 방법

용이한 정보전달을 위해서는 한 페이지마다 한 개의 핵심 내용을 담아야 한다. 빽빽한 내용을 만든다고 하더라도 평가자는 모든 자료를 읽지 않는다. 상세하게 정보를 전달하는 것보다 더 중요한 건 핵심 내용이 연속성 있게 전달되는 것이다. 가령 첫 페이지에 두괄식으로 핵심 내용을 적었다고 하면 다음 페이지는 첫 페이지에 언급된 핵심 내용을 하나씩 풀어서 설명되어야 한다. 서두에 한 가지 용어를 썼다면 발표 중, 후반에도 반드시 동일한 용어로 일관되게 표현해야 한다. 아울러, 글자의 폰트를 통일시키고 글자 크기를 짜임새 있게 표현하는 것도 중요하다. 여러 가지를 강조하는 것이 아닌 핵심을 강조해야 한다. 만들어진 발표 자료는 가능한 많은 전문가들의 코칭을 통해 업그레이드시켜야 한다. 인맥을 활용해 완성도 높은 보고 자료로 탈바꿈해야 한다.

※ 발표평가 PPT 작성 유의사항

- 표지 및 목차를 제외하고 본문 15슬라이드 내외로 작성 권장
- 발표시간(10분 이내)은 질의응답(10분 이내) 포함하여 20분 내
- PPT 템플릿(디자인) 변경은 가능하나, 본 양식에 제안된 목차, 작성 순서 변경 불가하며, 애니메이션은 효과 삽입 불가
- 작성한 PPT는 PDF로 변환 제출하며, 제출 자료 수정 불가
- 제출한 사업계획서 내용 기준으로 작성(주요 내용 수정 불가)

◐ 사업 중 유의사항

1) 반드시 갖추어야 할 인맥

초기 벤처기업이 사업을 함에 있어 가장 중요한 덕목 중 하나는 단연

네트워킹이다. 처음 사업을 시작하고 막막한 상태에서는 주변에 같은 상황에 놓여 있는 사람들과의 커뮤니티가 정말 중요하다. 네트워킹을 곤고히 하는 데에는 여러 가지 방법이 있겠지만, 첫 번째로 가장 추천할 만한 것은 인큐베이팅센터에 입주하는 것이다. 중소벤처 24 기준, 전국 창업보육센터는 261개이며 경기 47개, 서울 33개, 경북 24개 순으로 분포하고 있다. 그 외에도 전국 19개의 창조경제혁신센터, 전국 19개 테크노파크 등 정부 유관 벤처 육성기관과 그 외 대기업에서 주도하는 여러 벤처기업 육성센터도 있다. 이를 잘 이용하는 것은 상당히 도움이 되는데, 벤처기업에게 무상 혹은 일부 유상으로 창업공간이 제공되고 있으며, 일반 공유오피스에 비하면 상당히 저렴한 수준으로 공간을 얻을 수 있다는 이점이 있다. 실제 일부 대기업에서 운영하는 인큐베이팅센터의 경우 정기 간담회, 스포츠 행사, 특강, 특허 및 법률 컨설팅 서비스 등 벤처 업무 외에 여러 경로로 커뮤니티 형성이 가능한 기회를 부여한다.

두 번째는 각종 행사에 참여하는 것이다. 정부에서 주관하는 여러 가지 행사 중 가장 유명한 행사 하나를 뽑으라면 단연 '도전 K 스타트업'이라는 행사다. 실제 행사를 준비하는 과정, 행사가 진행되는 단계에서 여러 벤처기업을 접하게 되고 인맥이 늘어나게 된다. 설령 대회에서 탈락한다고 하더라도 지원했던 정보가 Pool 형태로 남아 있기 때문에 나중에 기대치 못한 상황에 또 다른 기회로 연결될 수 있다. 최근 알고 있던 ESG 관련 한 벤처기업의 경우 국내에 H사의 벤처 지원 프로그램에 떨어졌음에도 불구하고 벤처캐피탈에서 해당 프로그램의 지원 실적을 보고 ESG 관점에서 관심을 가져 투자를 하겠다고 연락이 와서 실제 투자로 연계가 된 적이 있다. 정부에서 주도하는 벤처 관련 행사 외 대표적으로 국내 대기업이 주관하는 주요 행사로는 삼성 C lab, 포스코 Idea Market Place, LG 커넥트, 디캠프 D-day 등이 있으며 해당 프로그램에 지원하는 것도 추천한다.

2) 망망대해 위의 나침반, 마스터 플랜

마스터 플랜의 유무는 나침반과 같다고 생각한다. 필자가 근무하고 있는 인큐베이팅센터의 약 80% 이상은 창업 3년 미만의 초기창업기업이다. 정기적인 인터뷰를 통해 사업 진행현황 및 각종 이야기 등을 듣다 보면 마스터 플랜을 가지고 운영하는 벤처기업과 그렇지 않은 벤처기업은 많은 차이가 있다. 여기서 마스터 플랜이라는 개념은 장기 목표를 가지고 기간별 주요 추진일정을 구체적으로 작성하는 것을 말하며, 많은 벤처기업들이 간트차트 형태의 마스터 플랜을 수립하고 있었다.

마스터 플랜의 효용성은 벤처캐피탈 대상 사업설명회에서 빛을 발한다. 벤처캐피탈은 벤처기업의 미래 성장 가능성을 보고 투자를 한다. 마스터 플랜의 일관되고 구체적인 청사진은 벤처캐피탈로 하여금 그 어떤 말보다 설득력 있게 다가가게 된다. 그뿐만 아니라 완성도 있는 마스터 플랜은 직원들의 회사에 대한 만족도를 높여 주는 효과도 있다. 실제 업무를 하다 보면 자신이 하고 있는 업무가, 지금 나의 회사가 현재 어떠한 단계인지 앞으로 어떤 방향으로 나아갈지에 대한 궁금증과 고민이 생기게 된다. 이때 마스터 플랜이 회사의 미래와 비전을 가장 잘 설명해주는 도구가 될 것이다.

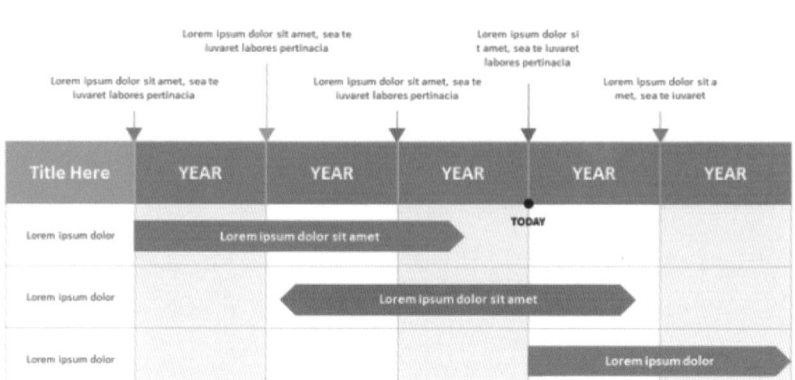

마스터 플랜 예시

◐ 예비창업패키지 이후 고려사항

1) 죽음의 계곡을 탈출하는 법, 돈

벤처기업의 성장곡선을 보면 누구나 직관적으로 '죽음의 계곡' 구간이 가장 어렵고 힘든 부분이라고 생각하게 된다. 죽음의 계곡을 잘 버티는 여러 가지 방법이 있겠지만, 가장 강력한 수단은 자금이라 생각한다. 자금 확보에서 가장 중요한 부분은 지분을 요구하지 않는 정부지원금 혹은 엔젤 투자유치를 최우선으로 고려하는 것이다. 지분을 요구하지 않는 일부 대기업지원금을 얻는 것도 좋은 방법이다.

  예비창업패키지를 끝낸 시점에서 다음을 고민해 본다면 초기창업패키지(업력 3년 이하 지원 가능, 최대 1억 원 지원)와 TIPS(Tech Incubator Program for Startup, 업력 7년 이하 지원 가능, TIPS 운영사로 선정된 민간투자사로 부터 선투자 필요, 최대 10억 원 지원) 프로그램이 있으며, 특히 TIPS의 경우 반드시 도전해야 하는 정부 지원 프로그램이다. 금액적인 부분도 상당하거니와 지분을 요구하지 않는다는 점 또한 상당히 매력적이다. TIPS에 선정되기 위해서는 TIPS 지명권이 있는 TIPS 운영사의 추천을 받아야 한다. 1차적으로 운영사의 지명을 얻게 되면 2차로 정부심사를 거쳐 최종 선발이 된다. TIPS의 경쟁률은 수십 대 1을 넘을 정도로 매년 그 열기가 뜨거운 상황이며, 2021년 기준 전국 67개의 TIPS 운영사가 선정되어 있다.

  아울러, 투자 설명회를 참관해 보면 시각적으로 보이는 시제품이 있는 벤처와 그렇지 않은 벤처의 설명회 분위기가 많이 다르다는 것을 느낄 수 있다. 가능하면, 완성도가 높지 않다고 하더라도 3D 프린트를 활용하여 시각화할 수 있는 시제품을 빨리 만들어야 한다. 시제품을 가지고 투자유치 설명회를 한다면 설득력은 더해진다.

벤처기업 성장곡선

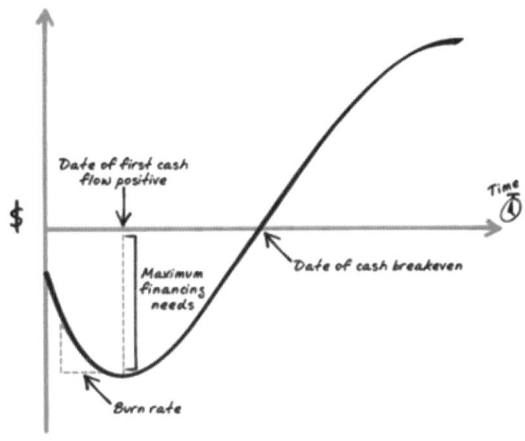

2) 사람이 곧 미래다, 인력 관리

　예비창업패키지 단계를 졸업하고 초기창업패키지 및 TIPS 등을 연달아 진행하면서 사업이 커지게 되면 인력채용이 필요해진다. 초기 벤처기업 대표를 직접 만나 보면 단연 채용이 가장 어렵다고 한다. 비수도권에서의 채용은 그 어려움이 훨씬 더 크다. 인력채용분야 중 가장 인재를 구하기 어려운 분야는 단연 개발분야다. 대한민국의 벤처 인프라(벤처캐피탈, 벤처기업 분포, 인력 분포 등)의 수도권 집중으로 개발자는 대부분 서울에 위치해 있다. 때문에 지방에 본사를 둔 벤처기업들 또한 서울에 지사를 두려고 노력하는 실정이다. 하지만 높은 임대료를 지불하면서 서울에 있을 수 없는 지방 소재 벤처기업이 대부분인 상황에서 이러한 이슈에 대한 돌파구 중 하나는 원거리 채용 시스템(본사는 지방에 있고 서울에 정부·지자체지원금을 받아 오피스를 구해 개발 인력을 상주하게 하는 방안)

도입 혹은 재택근무 도입이 있다. 실제 일부 창조경제혁신센터에서는 스타트업의 신규직원 대상으로 인건비를 지원해 주는 사업공고가 업로드되고 있다. 아울러, 원격근무 혹은 재택근무의 운영을 유동적으로 한다면 효율적인 인력 관리로 이어질 수 있다. 가령, 전체 5일 중 3일은 서울, 2일은 지방근무를 유도하면서 수도권 인력의 지방에 대한 이해도를 높이고 회사에 소프트랜딩할 수 있는 기회를 주는 것도 좋은 방안이라 생각한다.

전국 벤처기업 분포

(단위: 개)

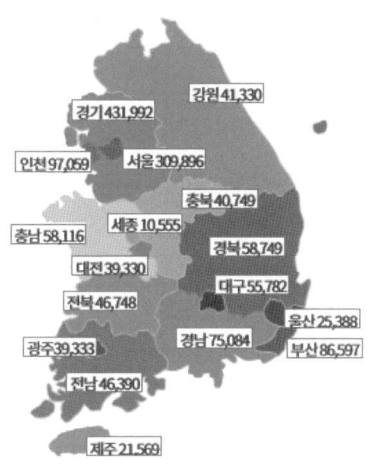

마무리하며 벤처 관련 지원 업무를 하면서 IT, 바이오, 환경, 에너지, 신소재, 기계 등의 다양한 분야 벤처기업들의 초창기 시작에서부터 성장 단계를 보고 듣게 되었다. 아이디어도 좋고 다양한 정부·지자체, 대기업지원금을 활용하여 자금 확보에 어려움을 겪지 않고 성장하는 스마

트한 벤처기업들도 있었으며, 또 다른 일부의 경우 아이디어는 좋지만 자금 확보에 많은 어려움을 겪었던 벤처기업들도 있었다. 이번 예비창업패키지 지원과 관련된 필자의 경험들이 앞으로 창업을 준비하시는 이들에게 조금이나마 도움이 되었으면 한다.

참고문헌

· 중소벤처기업부: www.mss.go.kr
· J-Curve Effect in Private Equity
· Side Members

이상창 LEE SANG CHANG

학력
· 기계공학, 전자제어공학 학사(복수전공)

주요 경력
· (현) 대기업 벤처지원팀 과장

자격사항
· 일반기계기사

수상내역
· 특허: 선재 권취 장치 및 이를 이용한 선재 권취 방법(2017.12.)

정부 지원제도 활용을 위한 신용보증제도와 신용 관리의 중요성

이성욱

○ 신용보증제도의 이해

1) 신용보증제도 이해하기

　신용보증제도는 담보력이 부족하여 자금 조달에 애로를 겪는 예비창업자나 중소기업이 은행 등 금융기관으로부터 자금을 대출 받을 수 있도록 중소기업의 자금차입에 대하여 정부 공적기관이 신용을 보증해 주는 제도를 말한다.

　이러한 신용보증 업무를 담당하는 기관으로는 일반 중소기업에 대한 보증을 담당하는 신용보증기금, 신기술 사업자 등 기술력이 우수한 중소기업에 대한 보증을 담당하는 기술신용보증기금 그리고 지방자치단체별로 소기업 및 소상공인에 대한 보증을 담당하는 지역신용보증재단이 있다.[01]

신용보증 업무 내용

구분	「신용보증기금」	「기술보증기금」	「지역신용보증재단」
설립 근거	「신용보증기금법」	「기술보증기금법」	「지역신용보증재단법」
설립 일자	1976.6.1.	1989.4.1.	2000.3.1.
설립 목적	담보 능력이 미약한 기업 채무보증 신용정보의 효율적 관리 운용	신기술사업자에 대한 자금 공급 원활화	담보력이 부족한 지역 내 소기업, 소상공인 채무보증

01) https://fine.fss.or.kr/main/people_busi/small_busi/credit.jsp에서 전재

기금조성	정부 출연 금융기관 출연	정부 출연 금융기관 출연	정부 지자체 출연금 금융기관 출연
업무 내용	기본 재산 관리	기본 재산 관리	기본 재산 관리
	신용보증	기술신용보증	신용보증
	신용 조사 및 신용정보 관리	신용 조사 및 신용정보 관리	신용 조사 및 신용정보 관리
	경영 지도	경영 지도	경영 지도
	구상권 행사	구상권 행사	구상권 행사
	재보증	재보증	재보증
	신용보험	-	-
보증 종류	· 대출보증, 지급보증의 보증, 시설대여보증, 어음보증, 이행보증(신보, 기보, 지역보증) · 제2금융권보증, 사채보증, 사채인수보증, P-CBO 보증, 전자상거래 담보용보증(신보, 기보) · 무역어음인수보증, 납세보증(신보) · 사채인수보증(기보)		
영업 범위	전국	전국	해당 지역
업무 감독	금융위	중기부	중기부

세 기관의 업무 범위와 역할 담당에 대하여 명칭과 업무 유사성으로 인하여 일반인들이 구분이 어려운 것은 당연하다. 이제부터는 주무관청인 중소벤처기업부의 업무감독권이 미치는지 그렇지 않는 기관인지 살펴보자. 현재까지 기술신용보증기금과 지역신용보증재단의 경우 중소벤처기업부의 업무 감독이 미치고, 신용보증기금의 경우 기관 간 업무 조정으로 인하여 현재는 기재부 산하 금융위원회 소관 부서로 되어 있다. 여기서부터 출발하면 의외로 답이 쉬워진다.

세 기관의 설립 목적과 연혁을 먼저 살펴보고 현재 담당하고 있는 업무와 신청인의 상황에 맞는 기관의 선택은 정부 정책자금을 보다 쉽게 이용하는 첫걸음이다.

2) 기관별 설립 연혁과 담당 업무 집행 기금의 규모

신보와 기보 그리고 지역신용보증재단의 세 기관 중에서 가장 먼저 설립된 기관은 1976년 설립한 신용보증기금이다.[02] 1974년 「신용보증기금법」이 제정 공포되었고 이에 기반하여 1976년 설립된 신용보증기금은 이후 기술분야 중소기업에 보다 적극적인 보증을 통한 지원제도 확립과 정책적인 고려에 따라 신용보증기금의 업무 중에서 기술분야를 분리, 독립시켜 1989년 기술신용보증기금이 설립되게 되었다.

신보와 기보의 설립 이후 각 지자체를 중심으로 재원을 마련하고 해당 지자체에 속해 있는 예비창업자 및 소상공인에게 창업자금 및 기타 정책자금을 공여하는 기관의 설립이 필요하게 되어 2000년 3월에 「지역신용보증재단법」이 제정되면서 지역신용보증재단이 설립되었다. 지역신보는 소상공인시장진흥공단과 함께 담보력이 부족한 소기업 소상공인의 채무보증과 지원제도를 통하여 자생력을 길러 주고 창업초기 지원에 특히 특화되어 있는 기관으로 자리 잡고 있다.

이들 세 기관의 설립 취지와 지원대상 그리고 관할 범위의 차이는 있

---

02) 신용보증기금: https://www.kodit.co.kr/kodit/cm/cntnts/cntntsView.do?mi=2450&cntntsId=11146

지만, 이들 기관은 공통적으로 첫째 보증서 발급을 통해 담보력이 부족한 소기업·소상공인 등의 채무를 보증하는 업무에 집중되어 있다는 점, 둘째 운영지침에 따라 보증서를 발급하고 대리대출 방식을 통한 금융기관과 연계되어 대출이 진행된다는 점, 셋째 보증 제한 업종이 상이하다는 점, 그리고 보증료 납부 의무가 있다는 점에서는 담당 업무가 동일하다.

3) 기술보증기금과 신용보증기금 그리고 신용보증재단의 차이점

예비창업자나 소상공인 중소기업 대표자가 중소기업 정책자금을 이용하기 위한 첫 번째 단계로 해당 기관을 이용하기 위해서는 기관의 성격과 기관이 중점적으로 지원하는 업종과 범위 그리고 중점 지원사항에 대한 신중한 접근이 필요하다. 이른바 기관별 업무에 대한 명확한 이해를 바탕으로 맞춤형 선택을 해야 한다. 정책자금을 신청하는 대표자나 담당자의 간절하고 절실한 마음만으로 정책자금의 신청과 심사 그리고 자금 수령이 이어지지 않는다. 위의 세 기관의 정책자금을 신청하는 대표자가 알아야 할 신보와 기보 그리고 지역신보의 차이점은 아래와 같다.

(1) 매출액의 차이

정책자금 특히 창업을 앞둔 예비창업자나 소상공인의 경우 위의 세 기관 중에서 가장 먼저 찾아가야 할 곳은 지역신보이다. 업종과 기술력이 평가대상으로 규정되어 있는 신보나 기보와 달리 지역신보의 경우 업종에 대한 예외적 제한을 제외하고는 거의 모든 업종에 창업자금을 융자 지원하고 있다. 특히 지역신보의 경우 초기창업자금으로 특례창업보증 지원이 운영자금과 시설자금으로 구분되어 제공된다. 지자체별 지역적인 특색과 관계없이 거의 모든 지역신보에서 보증서 발급의 상한선이 8억 원으로 규정되어 있으나 실제로는 5천만 원 이하(창업 멘토링 등의 초기 컨설팅의 진행이 되지 않는 경우 3천만 원 내외)의 보증서가 주로 발급된다. 발급된 보증서는 신청기업의 주거래 은행인 금융기관을 통해 대리대출 방식으로 지원이 진행된다.

초기창업자나 소상공인 분들이 반드시 지역신보에 먼저 가야하는 이유는 없다. 다만 초기창업자나 소상공인의 성격상 매출액에 대한 부담이 있는 경우 매출액의 비중을 높이 평가하는 신보나 기술력 보유 여부 및 기술창업을 강조하는 기보의 문턱을 넘기는 쉽지 않다. 이에 따라 신보나 기보의 경우 선호 대상 업종에서 벗어나 있는 일반 소상공인이나 초기창업자의 경우 대상성심사에서 높은 평가를 받지 못하고, 특히 음식점업과 같은 생활밀착형 대상 업종의 경우 매출액이 높더라도 심사에서 제외되는 경우가 있으니 기관 선정에 주의를 가질 필요가 있다. 선호하는 업종에 대한 분석이 먼저 선행되고 본인이 주로 행하는 주 업종코드에 맞는 기관을 선택하여 절차를 진행하는 것이 불필요한 시간 낭비와 절차적인 힘 빠짐을 사전에 방지하는 길이다.

(2) 업종의 차이

매출액이 일정 부분 발생하고 있는 성장성이 높은 중소기업이나 성장단계에 속해 있는 기업은 기보나 신보에 정책자금의 가능성을 문의하고 지원신청을 하는 것이 바람직하다. 그러한 단계에 도달한 경우 어느 경우에 신보에 신청하고 어느 경우에 기보에 신청을 해야 하는지 주관기관에 대한 의문이 생기는 경우 대표자와 담당자가 전적으로 신뢰해야 하는 기준은 신청회사의 주 업종코드가 무엇이냐에 달려 있다.

주 업종코드는 현재 우리나라에서는 「통계법」 제22조에서 규정한 통계 작성기관이 동일한 기준에 따라 통계를 작성할 수 있도록 UN이 권고한 국제산업표준분류를 기초로 하여 통계청장이 작성한 통계 목적의 분류(5자리 코드분류표)로서 2021년 제10차 한국표준산업분류표가 작성되어 제공하고 있는 표상의 업종구분지표이다.[03] 통계청이 작성한 업종별 분류코드가 원칙 기준이 되나, 실제적으로 과세관청인 국세청이 지정하고 분류하는 업종분류코드(6자리)가 많이 사용된다. 사업자등록 시에 기입하는 업종분류코드는 한국표준산업분류가 아닌 국세청 업종분류코드로 기재되며, 국세청 업종분류코드를 이용하는 경우 신청기업의 주 업종코드는 '국세청 홈택스(www.hometax.go.kr) 〉 조회/발급 〉 기타 조회 〉 기준 단순 경비율 업종코드 〉 2021년 귀속 업종 조회'를 통해 간단하게 조회가 가능하다.

통상적으로 세무대행기관인 세무사 사무소에 세무기장과 대행 업무를 맡기는 경우 재무제표의 작성 기준에 의하여 매년 작성되고 제공되는 세무조정계산서상의 중소기업확인서에 주로 매출액 기준으로 해당

---

[03] 통계청: https://kssc.kostat.go.kr:8443/ksscNew_web/index.jsp

회사의 주 업종코드가 기재되어 있으나 꼼꼼하게 살펴보지 않으면 매출액 기준 분류된 주 업종코드가 실제 영위하는 회사의 주 업종 내용과 상이하게 되는 경우도 발생하니 주의 깊게 살펴봐야 한다.

기술신용보증기금

중소기업이 영위하는 업종이 기술력을 동반하는 제조업(C코드), ICT업종, 연구개발분야의 기업부설연구소(연구전담부서 포함) 보유기업, 지식산업 서비스분야에 업종에 해당되는 경우 기술보증기금을 통한 보증자금을 신청하는 것이 유리하다. 신보나 기보의 경우 타 기관에 사전적으로 보증자금을 이용하는 경우 추가적인 자금 집행과 지원은 먼저 진행한 기관을 중심으로 진행되어야 한다. 먼저 기보의 정책자금을 이용한 신청회사는 기보자금 이용 이후에 신보의 보증자금을 이용할 수 없도록 규정되어 있다. 마찬가지로 신보 이용자의 경우 기보의 자금을 후순위로 사용할 수 없게 규정되어 있다. 따라서 기술역량을 보유한 기업의 경우 신보보다는 기보를 통한 보증신청을 하는 것이 유리하다.

기보의 보증을 이용하고자 하는 대상기업은 신기술 사업을 영위하는 중소기업 그리고 중소기업 이외의 기업으로 신기술 사업을 영위하는 총자산액 5천억 원 미만인 기업이며 산업기술연구조합이 신청대상에 포함된다. 여기서 '은행업감독규정'에 의한 주 채무 계열 소속기업 및 「독점규제 및 공정거래에 관한 법률」에 따른 상호 출자 제한기업 집단 소속 기업은 제외되며 다만 기업구매자금대출, 기업구매전용카드대출 및 무역금융에 대한 보증에 대하여는 상위 30대 계열기업군 소속기업만 제외하고 있다.

(1) 기보에서 보증하는 신기술 사업[04]

- -제품개발 및 공정개발을 위한 연구사업
- -연구개발의 성과를 기업화, 제품화하는 사업
- -기술도입 및 도입기술의 소화 개량사업
- -다른 법령에서 규정된 기술개발사업
- -기타 생산성 향상, 품질 향상, 제조원가 절감, 에너지 절약 등 현저한 경제적 성과를 올릴 수 있는 기술을 개발 또는 응용하여 기업화, 제품화하는 사업으로 업종별 제한은 없으나 제조, IT, 연구 및 개발, 기술 서비스 업종 등이 주로 해당되며 여타 업종 영위기업도 상기 신기술 사업을 영위하는 경우 보증 대상기업으로 인정

또한 기보의 경우 기술력이 있고 미래 성장 가능성이 높은 차세대 핵심기업 및 신기술의 채택이나 기술혁신으로 경쟁력을 확보하여 기술혁신을 선도, 파급하거나 성장할 가능성이 높은 기업을 기술혁신형 중소기업으로 선정하여 기보가 중점 지원 대상기업으로 보증 심사 방법 등에서 우대하여 보다 손쉽게 보증 지원을 받을 수 있도록 지원하고 있다.

---

04) https://www.kibo.or.kr/main/work/work010102.do

그러한 기술혁신 선도형 중소기업으로는 벤처기업, 이노비즈기업, 기술인증획득기업, 기술개발 사업수행기업 또는 기술력 인증기업, 기술관련상 수상기업과 다음의 업종 영위기업 중에서 기술 사업평가 등급이 B이상인 기업(10대 차세대 성장동력기업, 미래 성장 유망 산업(6T), 「조세특례제한법 시행령」에 따른 혁신 성장 산업, 산업통상자원부 발표 그린 에너지 산업 발전전력 관련 산업, 「신에너지 및 재생에너지 및 개발·이용·보급 촉진법」 등에서 정하고 있는 신재생에너지 관련 산업, 기후환경 산업 등 영위기업(한국산업기술원 환경 정책자금 융자 승인받은 기업 포함), 부품소재전문기업 등의 「벤처기업육성에 관한 특별조치법」에 따른 부품소재 업종, 혁신형 지식 서비스 산업 및 선도 콘텐츠 산업)이 해당된다.

(2) 기보의 전담보증 영역제도

기보에서는 보증 업무의 특화 및 중복 해소를 위하여 보증기관 간의 전담보증 영역을 설정하여 운영 중에 있다. 2005년 11월 신용보증기금과 보증 업무 특화 및 중복되는 보증 해소를 위한 업무협약을 맺고 기보 전담보증분야는 기보에서만 지원 업무를 맡고 있다.

벤처기업 또는 INNO-BIZ 기업 전담보증 지원

구분	전담 영역 운용
가. 기보 또는 신보의 보증 거래가 없는 기업	기보에서만 보증 가능
나. 기보만 거래 중인 기업	기보에서만 보증 가능
다. 기보와 신보에 동시 거래 중인 기업	기보에서만 보증 가능
라. 신보만 거래 중인 기업 (단, 창업 후 5년 내이고 기보가 기술평가보증을 한 경우)	신보와 계속 거래 가능 (단, 신보에서 기보로 수관한 보증에 한하여 기보 거래 가능)

기보의 기술평가보증 우선 적용

구분	전담 영역 운용
가. 기보가 먼저 기술평가보증하고 있는 기업	기보에서만 보증 가능
나. 신보가 먼저 보증하고 있던 기업 (단, 이들 기업에 대해 기보가 기술평가보증을 지원할 경우)	신보와 계속 거래 가능 (단, 신보에서 기보로 수관한 보증에 한하여 기보 거래 가능)

일반보증(비신기술사업자에 대한 보증)은 신보 전담

구분	전담 영역 운용
기보 단독거래 또는 기보, 신보 동시 거래기업	신보에서만 보증 가능, 기보의 보증은 모두 신보로 이전

신용보증기금[05]

(1) 신보의 신용보증 종류

신보의 경우 주요 업무 범위는 기보에서 지원대상 업종으로 분류되지 않은 업종의 대상기업으로 이해하면 된다. 신보는 주 업무가 대출보증 업무이며 이 외에도 기업이 제2금융회사(농업협동조합, 수산업협동조합, 한국농수산식품유통공사, 중소벤처기업진흥공단, 종합금융회사, 보험회사, 중소기업창업투자회사, 상호저축은행 등이 해당)로부터 대출을 받는 데 따른 보증을 서고 있는 '제2금융보증', 기업이 상거래의 담보를 목적 또는

---

[05] 신용보증기금 홈페이지에서 전게: https://www.kodit.co.kr/kodit/cm/cntnts/cntntsView.do?mi=2522&cntntsId=11184

대금결제수단으로 주고받는 어음에 대한 지급보증을 서는 '어음보증', 그리고 기업이 건설공사, 물품납품, 용역제공 등을 위한 입찰 참가 또는 계약체결을 할 때 담보되는 보증인 '이행보증'과 '지급보증의 보증' 그리고 납세보증 등의 업무를 담당한다. 그중에서도 가장 주 업무는 기보와 마찬가지로 기업이 은행 등 금융기관으로부터 각종 운전 및 시설자금을 대출받는 데 따른 금전채무를 보증하는 '대출보증' 업무이다.

신보의 경우 정책적으로 가장 넓은 업종을 대상으로 지원을 하고 있으나 다음 업종의 경우 보증지원대상에서 제외하고 있으니 주의하여야 한다.[06]

신용보증기금의 신용보증 종류

보증 종류	보증 내용
대출보증	기업이 금융회사 등으로부터 대출받을 때 담보로 이용되는 보증 (일반운전자금, 무역 금융, 구매자 금융, Network Loan, 할인어음, 설비자금, 기업행복카드보증, 기술개발자금 등)
지급보증의 보증	기업이 금융회사 등으로부터 지급보증받을 때 담보로 이용되는 보증 (신용장 개설에 대한 지급보증 등)
제2금융보증 (기보: 비은행대출보증)	제2금융기관 및 기타 대출기관에서 대출 또는 어음 할인을 받을 때 이용되는 보증 (농업협동조합, 수산업협동조합, 한국농수산식품유통공사, 중소벤처기업진흥공단, 종합금융회사, 보험회사, 중소기업창업투자회사, 상호저축은행 등)
어음보증	기업이 상거래의 담보 또는 대금 결제수단으로 주고받는 어음에 대한 지급을 보증 (지급어음, 받을 어음 및 담보어음에 대한 보증)

06) 신보 홈페이지

이행보증	기업이 정부 등 공공기관의 건설공사, 물품납품, 용역제공 등을 위한 입찰참가 또는 계약 체결 시 납부하여야 할 각종 보증금에 대한 보증 (입찰보증금, 계약보증금, 차액보증금, 지급보증금, 하자보수보증금) * 보증상대기관: 정부·지자체, 공공기관, 금융회사 또는 이러한 기관들과 계약을 체결한 원사업자, 「사회기반시설에 대한 민간투자법」에 의한 사업시행자 등 금융위원회가 정하는 자
납세보증	기업이 국세, 지방세 납세의무와 관련하여 세무관서 또는 지방자체단체에 분할납부하고자 하거나 징수유예를 받고자 할 때 담보 이용 보증
상거래담보보증	기업의 상거래 계약상의 대금지급채무를 보증

(2) 신보의 보증 이용 절차

신용보증기금의 보증을 이용할 중소기업은 아래의 절차를 따라야 한다. 먼저 첫 번째로 보증 신청 및 상담을 거쳐야 한다. 중소기업은 본점의 주 사무소를 관할하는 지점을 찾아 신보 홈페이지 내지 신용보증 플랫폼 또는 모바일 앱을 통해서 상담신청을 하여야 한다. 이때 신규 보증을 하고자하는 기업은 영업점을 방문하여 상담을 진행하고 기존 보증거래 실적이 있는 기업은 전화상담을 통하여 방문상담 없이 진행이 가능하다.

두 번째 절차는 신용조사 및 보증 심사에 필요한 자료를 수집하는 절차이다. 신보 홈페이지 내 신용보증 플랫폼 또는 모바일 앱을 통해 신청기업에 대한 자료 제출이 가능하도록 구성되어 있다. 신청회사에 의해 제출된 자료 및 자체 수집 자료를 기반으로 담당자의 현장 출장을 통해 신용 조사가 이루어진다.

세 번째 절차는 제출된 자료와 현장 출장을 통해 조사된 자료를 통하여 신용평가를 실시하고 신용등급을 산출한다. 이때 신청기업의 각종 검토표 등 충족 여부에 대한 조사를 병행하며 이에 따라 신보에서 보증 지원 가능 여부 및 보증 금액을 검토하고 보증 신청 금액에 따라 영업점 자체 결정 또는 본부 승인을 통하여 보증 승인이 결정된다.

보증 심사 구분

금액	1억 원 이하	3억 원 이하	10억 원 이하	10억 원 초과
심사 종류	간이 심사	일반 심사	표준 심사	심층 심사

마지막으로 신청기업에 대한 보증약정 승인 및 약정서 체결 이후 주로 간접대출(대리대출)의 방식으로 신용보증서가 주거래 금융기관에 발급되어 통보되고 발급된 전자보증서에 기초하여 금융기관으로부터 대출을 받게 되는 구조이다. 이때 신용보증에 따른 보증료를 부과하게 되는데 보증료는 보증 금액에 대하여 연 0.5%~3.0%(대기업 3.5%)의 범위 내에서 신청기업의 평가등급에 따라 차등적으로 적용된다.

지역신보재단

(1) 신청대상

지역신용보증재단(이하 지역신보재단)의 경우 이름이 유사한 신용보증기금과 많은 부분에서 일반인이 혼동하고 있다. 신용보증기금은 금융위원회 산하기관으로 본점과 각 지역에 은행과 같은 지점의 형태로 운영되는 데 비하여 지역신보는 본점과 지점의 운영 방식은 신보와 유사하나 지역적인 특색과 지원대상의 한계를 지닌 점에서 신보와 구별된다. 지역신보의 재원은 지자체의 예산과 지원으로 구성되며 지자체의 관할구역이 지원대상으로 확정된다. 신청회사의 본점의 주소지를 기준으로 지원대상이 결정된다는 것이다.

창업자금의 지원을 신청하는 예비창업자나 소상공인의 경우 본인의 사업자등록증상 본점의 주소지를 기준으로 지역신보가 결정된다. 예컨대 신청회사의 본점 주소지가 서울시이면 서울신용보증재단의 각 관할 지점에, 본점 소재지가 충청북도 청주에 있다면 충북신용보증재단의 청주 시내 지점으로 결정된다. 대출의 진행을 위한 상담과 현장 실사가 본점 및 주 사업장의 주소지 기준으로 이루어진다. 특히 서울의 경우 본점은 서울특별시에 소재하고 있지만 주 사무소(여기서 공장이나 주 창고 등이 해당)가 서울시와 인접한 경기도 및 인천에 있는 경우에는 신규보증이 가능한 대상으로 인정하고 있다.

지역신보재단의 신용보증 종류

보증 종류	보증 내용
대출보증	기업이 금융회사 등으로부터 대출받을 때 담보로 이용되는 보증
지급보증의 보증	기업이 금융회사 등으로부터 지급보증받을 때 담보로 이용되는 보증
제2금융보증 (기보: 비은행대출보증)	제2금융기관 및 기타 대출기관에서 대출 또는 어음 할인을 받을 때 이용되는 보증

시설대여보증	기업이 시설대여회사로부터 기계, 기구 등 필요한 시설을 대여받을 때 이용되는 보증
사채보증(기보: 회사채보증)	기업이 자본시장을 통하여 자금을 조달하기 위해 회사채를 발행할 때 원리금의 상환 채무를 보증
어음보증	기업이 상거래의 담보 또는 대금 결제수단으로 주고받는 어음에 대한 지급을 보증
이행보증	기업이 정부 등 공공기관의 건설공사, 물품 납품, 용역 제공 등을 위한 입찰 참가 또는 계약 체결 시에 납부하여야 할 각종 보증금에 대한 보증
납세보증	기업이 국세, 지방세 납세의무와 관련하여 세무서 또는 지방자치단체에 분할납부하고자 하거나 징수유예를 받고자 할 때 담보이용보증
상거래 담보보증	기업의 상거래 계약상의 대금지급채무를 보증
무역어음인수보증(신용보증기금운용)	수출신용장(내국신용장 포함)을 근거로 발행한 무역어음을 인수한 자에 대하여 부담하는 채무에 대한 보증
사채인수보증	기업이 신기술 사업 금융업자 또는 금융기관, 중소기업 창업투자회사, 중소기업 창업투자조합, 신기술 사업 투자조합, 투자신탁운용사와의 사채 인수계약에 의해 자금 조달을 하는 경우 담보로 이용되는 보증
P-CBO 등 보증	기업이 발행하는 회사채 또는 은행의 대출채권을 담보로 유동화회사(SPC)가 발행하는 유동화증권(CBO, CLO)을 보증

(2) 지역신보의 보증 기간과 보증료

 지역신보의 경우 신용보증의 성격상 대리대출을 통한 금융기관과의 연계 사무관계로, 신청회사 주거래 은행의 보증신청서를 필수 제출서류로 요구하고 있다. 이에 따라 지역신보의 보증 기간은 신청회사가 작성한 보증신청서상의 금융회사에서 정한 대출기간과 동일하게 보증 기간을 설정하게 하고 있다. 또한 보증 설정에 따른 수수료 항목으로 신용보증 금액의 연 1% 내외를 기준 보증료로 산정하고 있으며, 보증하는 금액과 신청인의 신용평점에 따라 0.5~2.0%내에서 이자율도 차등적으로 산정하여 적용하도록 하고 있다. 또한 보증료 선납할인제도를 운용하여 적수 기간 일시 납입 시에 10%의 선납할인제도를 운영하고 있다.

(3) 지역신보의 보증 금지와 제한 업종

지역신보 재단에서는 신보와 기보와 달리 소상공인 및 예비창업자에 대한 보증 업무가 중요한 부분을 차지하는 관계로 보증 제한이 비교적 다른 기관에 비해 완화되어 있다. 그러나 지역신보 역시 보증 금지 업종으로 묶거나 보증을 제한하는 업종이 있다.

보증 금지 대상

- 보증기관이 보증채무를 이행한 후 채권을 회수하지 못한 기업 및 신용보증 사고기업
- 위 기업의 과점주주와 무한책임사원이 영위하는 기업 또는 이들이 대표자로 되어 있는 기업

보증 제한

- 휴업 중인 기업
- 금융기관 대출금을 빈번하게 연체하고 있는 기업
- 사업성이 낮은 기업
- 부실 자료 제출 기업
- 금융기관이나 지역신용보증재단에 손실을 입힌 기업
- 보증 금지기업의 연대보증인인 기업 또는 연대보증인이 대표자로 되어 있는 법인기업
- 보증 제한 업종을 영위하는 기업(도박, 유흥, 오락, 점술 및 유사 서비스업 등) 기타 신용상태가 불량하다고 판단되는 기업

(4) 신용보증 절차와 주의사항

창업자금의 신청과 관련해서 대부분의 신청인이 간과하거나 무시하는 일이 있는데 바로 자기자금의 준비다. 창업초기 꼭 필요한 자기자금의 준비와 창업과정에서 사용된 사용처, 그와 관련된 증빙 서류는 창업자금 지원을 위한 준비 단계에 중요하지 않게 인식되고 있다. 이는 창업지원자금에 대한 몰이해와 인식부족에서 발생하는데 자기자본에 대한 점검사항을 준수하지 않게 되면 의도치 않게 자금 확보가 어려워지는 상황에 처하게 된다.

신용보증제도의 성격상 초기창업에 주로 소요되는 자금 지원이라는 측면에서 대다수의 일반 소상공인점주와 중소기업 대표는 자기자본의 사전 준비와 증빙 서류 확보에 많은 신경을 쓰지 못하는 경우가 발생한다. 실제로 정부의 창업지원금(상환의무가 없이 공모 등 신청과 선정과정을 거쳐 지급되는 금원)으로만 창업을 하고자 하는 창업가가 상당수 존재하고 또 그러한 지원을 당연한 권리 정도로 알고 있는 대표자가 많다. 그러나 자기자본의 마련과 함께 자기자본의 선 사용은 창업 지원자금의 지원을 받기 위한 필수 절차다. 정부가 지원하고 제공하는 자금만으로 사업을 할 수 있다는 착각과 잘못된 생각이 있는 대표자가 의외로 많다.

새로운 아이디어와 기존 제품과 서비스의 개선을 통하여 시장 점유율을 확보하고 매출을 발생시키고자 하는 대표자 중에서 창업자금의 융자 지원 특히 신용보증을 통한 지원을 받기 위해서는 창업자의 자기자본 확보와 지출이 필수 요건이다. 시장에서 호평을 받을 제품 및 서비스

출시를 위해서는 프로토타입 개발 및 사전 시장조사 그리고 임차사무실 마련과 영업라인 구축 등 다양한 분야에서 자금의 집행이 먼저 이루어져야 한다는 것이다. 보증 지원제도의 기본 정책적인 의도는 창업자의 자기자본에 기초한 지출이 먼저 이루어지고 이를 뒷받침할 증빙 서류에 기초하여 정부의 창업자금은 지원되는 절차적인 순서가 이미 정해져 있다는 점이다. 즉 창업 소요자금의 증빙은 창업 비용으로 인출된 내역을 확인할 수 있는 통장사본과 추가 증빙서류(세금계산서, 영수증, 관련 계약서 및 견적서 등)를 제출하여야 하고 지출된 내역이 있어야 선 지출된 창업자금이 소요된 금액으로 인정되고 이에 매칭되는 성격으로 창업 신용보증이 이루지게 된다. 예를 들어 외국에서 선 구매를 통하여 참신한 아이디어 팬시 제품을 구매하여 우리나라의 학용품 시장에 판매하고자 한다면 수입을 통한 기초 물량선적과 운송 및 기초 계약서에 의한 구매 물품의 비용지급내역이 증빙되어야 창업자금의 지출로 보고 이에 대응하여 창업자금의 제공도 이루어진다는 의미이다. 외국의 판매 사이트에 현금 지급으로 구매하고 우리나라에 판매하는 경우, 해당 물품에 대한 현금 지급 내역은 소요자금 지출 증빙이 어렵게 되고 이에 매칭되는 창업자금 지원은 불가하다. 창업자금을 미리 받아서 임차보증금이나 인테리어 비용, 시설 비용을 지급하는 것이 아님을 꼭 기억해야 한다.

(5) 신용보증 절차 및 소요 기간

창업자금의 지원을 위하여 신용보증의 제도를 이용하고자 하는 예비창업자나 기존 창업자의 경우 창업보증에 대한 처리 절차가 지역에 관계없이 거의 동일하게 진행된다는 점에 유의해야 한다. 예를 들면 서울

신용보증재단의 경우 보증상담을 위한 사전 절차로 신청인의 경우 각 지역재단의 지점 및 사이버센터를 통한 상담예약이 필수적이다. 지역신보재단을 이용하기 위해서는 신청회사의 대표자가 전화나 인터넷 사이버 홈페이지를 이용하여 사전 상담 신청을 하여야 하며 이를 기초로 상담에 필요한 서류를 제출하여야 한다. 대출은행(통상 주거래 은행)의 신용보증신청서와 금융거래확인서(1천만 원 초과 대출금 보유 여신기관 전부), 사업장·거주주택의 임대차계약 사본 그리고 사업자등록증 사본과 국세/지방세납입증명서 등의 서류 제출이 필요하다. 통상 심사서류 제출일로부터 약 4주 정도의 시간과 절차가 소요됨을 사전에 인지하여 자금집행과 창업자금 지원의 시차(Time-Lag)가 있음을 알고 있어야 한다. 현업에서 보면 자금이 빡빡한 현실에서 정부 지원자금만을 믿고 신청기간과 절차준수에 상당한 시간이 필요한 점을 간과했다가 빠른 자금심사와 집행을 요청하는 경우가 종종 발생하는 것을 볼 수 있다. 그러나 4주 정도의 절차와 시간소요는 생략 불가한 프로세스로 충분한 자금 지출의 여유를 두고 신청하고 기다리는 마음이 중요하다.

서류 접수부터 현장 실사, 실사 이후 심사과정과 약정불가 내지 약정체결 통보 그리고 대출 금융기관 심사결과 통보(최근에는 거의 전자보증서 발급으로 즉시 전달), 신청인의 금융기관 방문의 절차를 거쳐 창업자금의 지원이 이루어지기 때문에 꼼꼼한 자금집행 계획의 수립과 조달 점검은 두말할 나위가 없다.

보증 심사과정을 통하여 확정된 보증 금액을 대표자에게 약정체결을 통보하고 거래은행을 통하여 대출 신청이 이루어지는 프로세스가 필요하다. 대출 절차 이후 통상적으로 거치 기간과 상환 기간이 부여되는 바 상환 기간 중간에 약정 기간 이전이라도 중도상환을 원하는 경우 주거래 은행에 중도상환수수료를 부담하는 조건으로 중도상환은 인정한다.

(6) 연대보증인의 문제

지역신용보증재단과 신보·기보의 정책자금을 활용할 때 다수의 의뢰인이 묻는 질문이 바로 연대보증인의 문제다. 2018년 4월 정부는 정책자금의 공여에 따른 채무 이행의 담보를 위하여 도입되어 시행 중이던 연대보증인제도의 폐지 지침을 발표했다. 신보와 기보 그리고 중소벤처기업진흥공단의 경우 정부 정책에 발맞춰 정책 금융기관의 연대보증은 폐지 절차를 진행해 왔다.

지역신보의 경우 법인사업자의 연대보증제도는 폐지(다만 지역신보재단 자체적으로 내부에 의한 면제 기준에 부합하지 않은 경우 보증 취급불가 규정 보유)하였지만 소상공인과 개인사업자에 대해서는 2020년 3월 1일 폐지 공표 전까지 원칙적으로 실제 경영자가 따로 있는 경우라고 판단되는 경우에는 연대보증을 강제했다. 특히 여성기업 대표자의 경우 실제 경영자가 남편이라고 판단하고 배우자에게 연대보증을 요구하는 경우가 빈번했다. 지역신보재단의 경우 개인사업자와 소상공인의 이용이 많은 금융기관으로 어쩔 수 없는 담보 조치로 해석되었다. 그러나 이러한 연대보증인제도 폐지 지연은 재창업의 기회를 실질적으로 제한할 뿐 아니라 연대보증의 규정 폐지가 적용됨에도 이를 잘 모르고 지레 겁먹고 대출 신청을 하지 않은 피해자를 양산했다는 비판에 직면했다. 특히 실제 부부, 지인 친지와 공공 경영하는 영세 소상공인의 경우는 실제 경영자의 구분이 어려우며 실제 경영자에 따라 제출 서류가 추가되고 현장 실사에서도 까다롭게 대출심사가 적용되는 등 문제가 발생하기 때문이다.

그러나 실제 지역신보재단별로 아직 연대보증에 관한 입보 기준은 상이하게 적용하고 있는 실정이다. 일부 지역신보의 경우 개인기업의 연대입보 폐지는 원칙이나 공동대표, 대표자의 배우자, 위의 해당하지 않는 실제 경영자의 경우 공공대표로 사업자등록 후 연대보증을 요청하는 내부 규정을 마련하고 적용하고 있다.[07]

연대보증 입보 대상- 일부 지역신보

구분	입보 대상
개인 기업	실제 경영자가 따로 존재하는 경우에는 다음 각 호와 같이 입보 대상자를 운용 · 실제 경영자가 대표자의 배우자인 경우 · 실제 경영자가 대표자의 배우자가 아닌 경우 실제 경영자가 사업자등록증상의 공동대표로 등록한 후 입보 대상자로 운용

법인 기업	다음에 해당하는 실제 경영자 1인. 다만, 실제 경영자에 해당하는 대표자가 2인 이상인 경우에는 그 대표자 전원이 입보
	· 대표이사, 무한책임사원
	· 최대주주 또는 최대출자자
	· 본인과 다음 각 항목에 해당하는 자의 소유 주식 또는 출자액의 합계액이 그 법인의 발행 주식 총수 또는 출자 총액의 100분의 30 이상인 주주 또는 유한책임사원
	  가. 「국세기본법시행령」 제1조의 1항 제1호부터 제3호까지의 어느 하나에 해당하는 관계에 있는 사람
	  나. 「관계기업에 대한 보증 종합관리기준」 제2조에 따른 관계기업

07) https://www.sinbo.or.kr/sub02_03_05

한편 정부는 공공금융기관의 연대보증의 폐지를 완료하고 민간금융기관의 동참을 추진하며 올해 2022년 기존 대출·보증의 연대보증도 순차적으로 폐지를 진행할 계획이다.[08]

◯ 신용 관리의 중요성

지금까지 살펴본 정부 정책자금 절차에서 대표자의 신용도는 대출의 심사과정에서 가장 중요한 평가 기준과 담보 역할을 하고 있다. 부동산이나 동산과 같은 담보를 요구하지 못하고 연대보증제도 마저 공식적으로 폐지가 된 현 상황에서 대표자의 신용점수는 정책자금의 집행과정에서 가장 중요한 판단의 근거로 작용한다. 정책자금을 받기 위한 예비창업자나 중소기업의 경우 회사의 신용등급과 별도로 대표자의 개인 신용평점이 융자 한도와 금리 및 보증료의 산정에 큰 영향을 미치는 요인으로 작용한다.

1) 신용등급제 폐지와 개인 신용평점제도의 도입

개인 신용등급이란 신용평가회사(Credit Bureau, 이하 CB[09]사라고 한다.)

---

08) 「지역신보, 2년 미적대던 연대보증 없앴다」, 이재명, 서울경제, 2020.5.10.
09) '신용평가회사'를 의미하는 것으로서 은행, 카드사, 보험사, 캐피탈, 저축은행 등의 금융기관과 백화점, 통신사, 전기/가스회사 등 비금융기관, 그리고 국세, 관세, 지방세 등 공공기관이 제공하는 신용거래내역 및 관련 신용정보를 수집한 후, 이를 평가 및 가공하여 신용정보이용자에게 제공하는 회사를 말함

및 금융회사가 금융소비자의 향후 1년 내 90일 이상 연체 등이 발생할 가능성을 수치화한 지표로 금융회사 등이 금융소비자와의 신용거래 여부 및 금리 등 신용거래 조건을 결정하는 데 중요한 기준으로 활용하고 있는 지표이다. 예전에는 대다수의 금융회사에서 개인 신용평가사가 제공하는 신용등급(1~10등급)을 기준으로 대출을 심사해 왔으나, 신용등급이 10개의 간극을 갖는 구조로 획일적으로 구분, 적용되고 각 등급의 경계에 속하는 사람들의 경우 실질적인 신용도에 큰 차이가 없음에도 불구하고 등급 간 차이가 발생하면서 대출심사에서 불이익을 받는 사례가 많이 생겨나게 되었다.[10] 예를 들면 대부분의 금융기관에서 대출 심사 시 하한선으로 판단하는 6등급과 7등급의 경계선에 위치한 개인의 경우 6등급 하위권에 속해 있는 대상자와 그 아래 등급인 7등급의 상위 등급자와 신용점수 차이는 거의 나지 않지만 등급 간 차이로 인하여 6등급은 대출이 진행되고, 7등급의 대출은 진행이 어려웠던 상황이 자주 발생했다. 이러한 개인 신용등급제도는 2021년 신용등급제도 간 간극 차이에 따른 등급별 대상자의 의도하지 않은 피해를 준다는 이유로 개인 신용점수제도로 변경하여 시행되고 있다.

변경된 신용점수제에 의하면 CB사는 앞으로 신용점수만 제공하고 각 개별 금융사가 CB사의 신용점수를 바탕으로 자체 신용위험평가를 실시하여 신용점수 대상자별 맞춤 대출 실행 여부 결정이 가능해지게 되었다. 이에 따라 금융권의 신용위험에 대한 관리역량을 제고하고 금융회

---

10) 「2021년 1월 1일부터는 신용점수로 자신의 신용을 확인하세요.」, 금융위원회 보도자료, 2020.12.28.

사별 리스크 전략이나 금융소비자 특성에 따라 차별화된 서비스 제공을 통해 저 신용층의 금융접근성을 제고하는 방향으로 개선되게 되었다.

금융위원회에 따르면 그동안 등급제 아래에서 신용평가상 불이익을 받은 금융소비자는 240만 명으로 추산되었으며 점수제로 변경 시 신용평가상 불이익을 받았던 대상자들은 연간 1% 정도의 금리인하 절감 혜택을 볼 수 있을 것으로 기대하고 있다.

2) CB 정보와 일반적인 신용정보의 차이점[11]

CB 정보는 일반적인 신용정보 범위에서 벗어나 금융거래자의 현황(재산소유, 직업, 소득 등) 및 거래 이력(상환 이력, 금융거래 횟수)등 금융거래와 관련한 적극적인 정보까지도 포함함으로써 개인의 신용도를 좀 더 면밀하게 표현한다. CB 정보는 이전에는 등급화로 지정되어 통보해 왔으나 2021년 이후 점수제(1~1,000점 만점)로 변경되어 개인과 금융기관에 제공되고 있다. 이에 반해 신용정보는 금융거래 상거래에 있어서 거래 상대방에 대한 식별, 신용도, 신용거래 능력들의 판단을 위하여 필요한 정보를 말한다.

개인 신용평점제도는 주로 연체나 부도 발생, 신규 대출금 증가 등 평가요인에 따라 변동되지만 상당 부분은 개인 신용 관리 방법에 대한 개

---

11) https://www.fss.or.kr/s1332/debt/debt04050201.jsp

인의 정보 부족 및 관리 소홀에 의하여도 기인하고 있다고 전해진다.

현재 우리나라의 대표적인 개인 신용평가를 담당하는 회사는 나이스신용평가정보주식회사와 ㈜코리아크레딧뷰로라는 회사가 있다. 이 두 회사는 ㈜한국신용평가와 ㈜한국기업평가, ㈜서울신용평가정보(SCI) 등 기업의 신용과 기업이 발행한 채권에 대한 평가와 기술평가를 담당하는 기업평가회사와 구분된다. 거의 모든 금융기관은 위의 두 개인 신용평가회사의 평가 점수와 각 금융기관의 내부 평가요소를 반영하여 개인에 대한 이자율과 대출한도 등을 정하게 된다.

나이스신용평가사와 KCB의 신용평점 결정요인 비교

NICE 나이스신용평가정보	40.3	23.0	10.9	25.8
	연체 여부	부채 수준	거래기간	신용 형태
KCB 코리아크레딧뷰로	25.0	35.0	16.0	24.0

자료:각사

각각 회사의 경우 개인 신용평점을 반영하는 요인에 대한 회사별 비중과 가중치가 다르기 때문에 개인 신용평가회사의 각 홈페이지나 토스, 카카오뱅크와 같은 핀테크(Fin-Tech)업체에서 제공하는 신용평점의 결과를 보면 나이스신용평가와 KCB가 제공하는 동일인에 대한 신용평점은 작게는 십여 점에서 많게는 150점 이상의 편차가 발생하게 된다. 이러한 편차의 발생은 연체 여부에 대한 각 사의 반영 비율, 부채 규모의 수준 그리고 현재 대출의 규모와 대출의 시기 등 각각의 동일 요인에 대한 평가지표가 상이하기 때문이다. 대개의 금융기관에서는 이러한 개인 신용평가회사의 신용평점에 자체 평가 시스템을 통한 추가 평가 점수를 환산하여 적용하고 있다.

CB사별 주요 평가요소 반영비중

평가요소	반영비중		
	나이스평가정보	서울신용평가정보	코리아크레딧뷰로
상환 이력 정보	40%	35%	28%
현재 부채 수준	23%	30%	28%
신용 거래 기간	11%	11%	14%
신용 형태 정보	26%	24%	32%

3) 신용정보 이용회사의 CB 신용정보 활용법

신용정보 이용회사에서는 신용평가회사로부터 획득한 신용보고서(Credit report) 및 신용평점(Credit score)을 이용하여 거래 여부 등을 판단하게 되는데 신용정보 이용회사를 통하여 거래가 일어난 신용정보는 다시 신용평가회사에 전달되어 신용도를 평가할 수 있는 중요한 자료로 사용된다. 변경된 개인 신용평점 기준에 따라 카드 발급, 서민 금융상품 지원대상 등과 관련된 법령상 신용등급 기준도 개인 신용평점 기준으로 변경되었다.

개인평점제도 도입 후 평가기준 변경

분류	전환 전 (~2020.12.31.)	전환 후 (2021.1.1.~)
신용카드 발급 기준	6등급 이상	(NICE) 680점 이상 (KCB) 576점 이상 *개인 신용평점 상위 93% 또는 장기연체가능성 0.65% 이하
서민 금융상품 (햇살론 등) 지원대상	6등급 이하	(NICE) 744점 이하 (KCB) 700점 이하 *개인 신용평점 하위 20%
중금리 대출 시 신용공여 한도우대 기준	4등급 이하	(NICE) 859점 이하 (KCB) 820점 이하 *개인 신용평점 하위 50%
구속성 영업행위 해당 기준	7등급 이하	(NICE) 724점 이하 (KCB) 655점 이하 *개인 신용평점 하위 10%

4) 개인 신용등급 관리 10계명

최근에는 핀테크 산업의 발달로 인하여 개인 신용 관리와 개인 신용 점수의 상승을 위한 각종 정보들이 인터넷에 넘쳐 나고 있다. 이 모든 내용을 신뢰할 수는 없지만 금융감독원이나 금융당국에서 제공하는 이른바 개인 신용등급 관리 10계명은 신용점수를 상승하고 점수를 관리하는 데 유리한 방향을 제시하고 있다.[12]

공통적으로 제시하는 개인 신용등급 관리 10계명의 주요 내용은 첫 번째가 긴급자금이 필요한 경우라도 반드시 제1금융권을 찾아보고 인

---

12) 금융감독원 서민금융 1332, https://www.fss.or.kr/s1332/debt/debt04050203.jsp

터넷과 전화로 대출을 결정하는 손쉬운 길로 빠지는 것을 막는 것에서 출발한다. 즉, 주거래 은행을 정하여 거래 실적을 쌓고 해당 주거래 은행의 대출을 먼저 확인하는 것을 권장하고 있다. 또한 신용카드의 관리 가능성을 높이기 위해 1~2개의 카드를 정하고 신용한도를 높여 신용한도의 30~50% 범위 내에서 사용하며 현금 서비스는 대출과 동일한 효과를 나타내기 때문에 가급적 사용하는 것을 금해야 한다. 또한 연체의 발생은 신용점수의 하락을 가져오며 한 번 연체된 정보 내용은 금융기관과 공공기관에 상당한 기간 동안 기록되고 관리되기 때문에 연체 발생을 사전에 방지하는 자금 집행 계획의 수립과 실천이 중요하다.

이러한 신용정보의 소중한 정보가치를 잘 파악하고 평소에 관리하는 습관이 있어야 창업기업이나 소상공인의 대표자가 정부의 정책자금을 신청과정 중에 낭패를 보는 일이 없게 된다. 다른 준비는 모두 끝났지만 평소에 신용 관리를 못한 이유 때문에 정부 정책자금의 활용을 제때에 하지 못한 사례들은 넘쳐난다. 정책자금의 신청과 올바른 자금 활용을 위해서 사전 준비과정으로 꼭 필요한 신용 관리의 중요성을 인식하는 것이야 말로 가장 중요한 정책자금 이해의 첫걸음이라고 할 수 있다. 금융기관과의 밀접한 관계 설정을 통하여 신용 관리가 바로 본인의 대출 한도와 이자율 책정에 바로미터가 된다는 점을 잊지 말아야 한다.

신용평점 관리- 금융 10계명

계명	주요 내용
1계명	**인터넷, 전화 등을 통한 대출은 신중하게 결정하세요.** 긴급자금이 필요한 경우를 제외하고는 다소 불편하더라도 금융회사를 방문하여 일반대출을 이용하세요.
2계명	**건전한 신용거래 이력을 꾸준히 쌓아 가세요.** 개인 신용등급을 잘 받기 위해서는 연체 없이 대출거래, 신용(체크)카드 이용 등 신용거래 실적을 꾸준히 쌓아 가세요.
3계명	**갚을 능력을 고려하여 적정한 채무 규모를 설정하세요.** 본인의 소득규모, 기본 생활비 등을 감안하여 채무 규모를 설정하고 동 수준 내에서 대출 및 신용카드 등을 이용하세요.
4계명	**주거래 금융회사를 정하여 이용하세요.** 주거래 금융기관을 지정하여 신용거래 등을 집중하여 관리하세요.
5계명	**타인을 위한 대출보증은 가급적 피하세요.** 타인에 대한 보증은 불가피한 경우로 제한하세요.
6계명	**주기적인 결제 대금은 자동이체를 이용하세요.** 자동이체를 활용하되, 미리 통장잔액을 확인하세요.
7계명	**연락처가 변경되면 반드시 금융회사에 통보하세요.** 연락처가 변경된 경우 반드시 금융회사에 미리 통보하세요.
8계명	**연체는 소액이라도 절대로 하지 마세요.** 계획적이고 합리적인 소비를 생활화하여 소액이라도 절대 연체가 발생하지 않도록 관리하세요.
9계명	**연체 상환 시에는 오래된 것부터 상환하세요.** 다수의 연체건이 있는 경우에는 가장 오래된 연체건부터 상환함으로써 연체정보로 인한 개인 신용평가상 불이익을 감소시키세요.
10계명	**본인의 신용정보 현황을 자주 확인하세요.** 무료열람권 등을 적극 활용하여 본인 신용정보의 정확성을 정기적으로 확인하세요.

참고문헌

- 금융감독원: https://fine.fss.or.kr/main/people_busi/small_busi/credit.jsp
- 신용보증기금: https://www.kodit.co.kr/kodit/cm/cntnts/cntntsView.do?mi=2450&cntntsId=11146
- 통계청: https://kssc.kostat.go.kr:8443/ksscNew_web/index.jsp
- 기술보증기금: https://www.kibo.or.kr/main/work/work010102.do
- 「지역신보, 2년 미적대던 연대보증 없앴다」, 이재명, 서울경제, 2020.5.10.
- 신용보증재단 중앙회: https://www.koreg.or.kr:444/main.do?s=koreg
- 「2021년 1월 1일부터는 신용점수로 자신의 신용을 확인하세요」, 금융위원회 보도자료, 2020.12.28.
- 금융감독원 서민금융 1332: https://www.fss.or.kr/s1332/debt/debt04050203.jsp
- 『정책은 바뀌어도 변하지 않는 정책자금 핵심전략』, KOTERA 전문위원단 공저, 청년정신, 2019.
- 『정부창업자금 활용전략』, 이환희, 창조경제타운, 한국과학기술정보연구원, 2015.
- 「2022년 정부지원사업 100배 활용하기」, 임병규, 서울상공회의소, 2022.

저자소개

이성욱 LEE SUNG WOOK

학력

· 서강대학교 경영학과 졸업

· 연세대학교 일반대학원 경영학과 수료

· 호서대학교 벤처대학원 벤처경영학과 졸업

· 호사대학교 벤처대학원 벤처경영학과 박사수료

주요 경력

· 중소벤처기업부 비즈니스지원단 현장클리닉 전문위원

· 소상공인시장진흥공단 역량강화/재창업/사업정리 전문위원

· 신용보증기금 4차산업 전문위원

· 서울신용보증재단 전문강사, 전북/울산/제주신용보증 재단 컨설팅 전문위원

· 인천테크노파크 6차산업 지원센터 전문위원

· 서민금융진흥원 신용부채관리 컨설턴트 및 자영업 컨설턴트

· 경기도경제과학진흥원 전문위원/경기도 기술개발 전문위원

· 시흥/용인/성남 산업진흥원 전문위원 겸 심사평가 위원

· 중소기업기술정보진흥원(TIPA)/중소기업기술개발종합시스템(SMTECH)/정보통신기획진

흥원(IITP) 심사평가 위원
· 한국인터넷진흥원/한국데이터산업진흥원/한국콘텐츠진흥원/중소기업유통지원센터/한국토지공사(LH) 심사평가 및 전문위원

자격사항
· 경영지도사(마케팅)
· 공인신용상담사
· 창업지도사
· 트리즈전문가
· 창업보육매니저

수상내역
· 호서대학교 벤처대학원 우수학위상(2018년)
· 중소벤처기업부 소상공인시장진흥공단 역량강화 장관상(2020년)

정부·지자체의
창업지원금 및 지원제도의 모든 것

초판 1쇄 인쇄 2022년 07월 13일
초판 1쇄 발행 2022년 07월 20일

지은이 김영기, 박옥희, 황낙진, 오종철, 이서호, 이현구,
　　　　이승관, 이완기, 김시유, 이상창, 이성욱
펴낸이 김민규

편집 김수현 | **디자인** 김민지

펴낸곳 브레인플랫폼(주)
주소 서울특별시 서초구 법원로3길 19, 2층 (서초동)
등록 2019년 01월 15일 제2019-000020호
이메일 iprcom@naver.com

ISBN 979-11-91436-17-4 13320

*이 책은 저작권법에 따라 보호를 받는 저작물이므로 무단전재 및 복제를 금지하며,
　이 책 내용의 전부 및 일부를 이용하려면 반드시 저작권자와 브레인플랫폼(주)의
　서면동의를 받아야 합니다.

*잘못된 책은 구입하신 서점에서 바꾸어 드립니다.